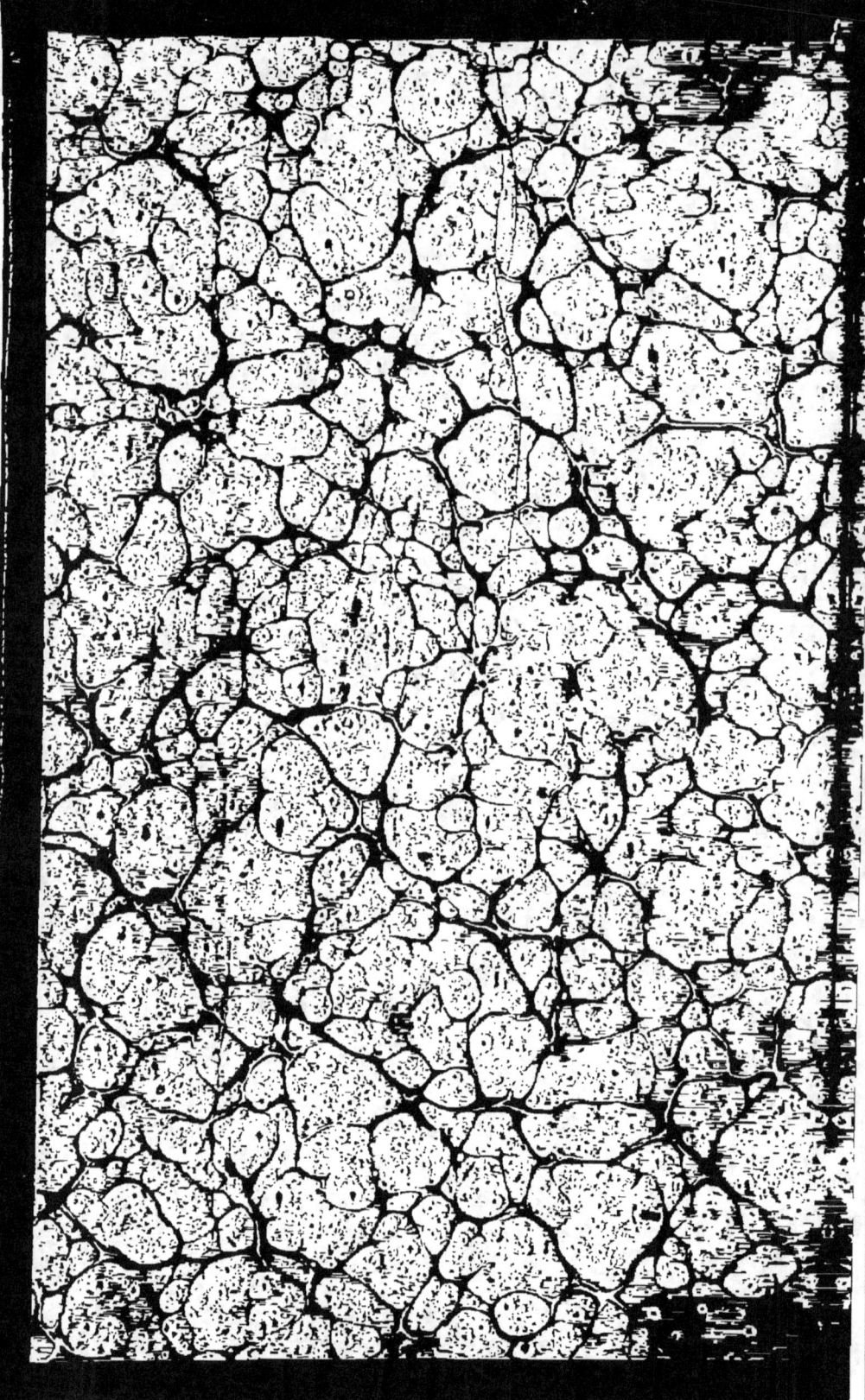

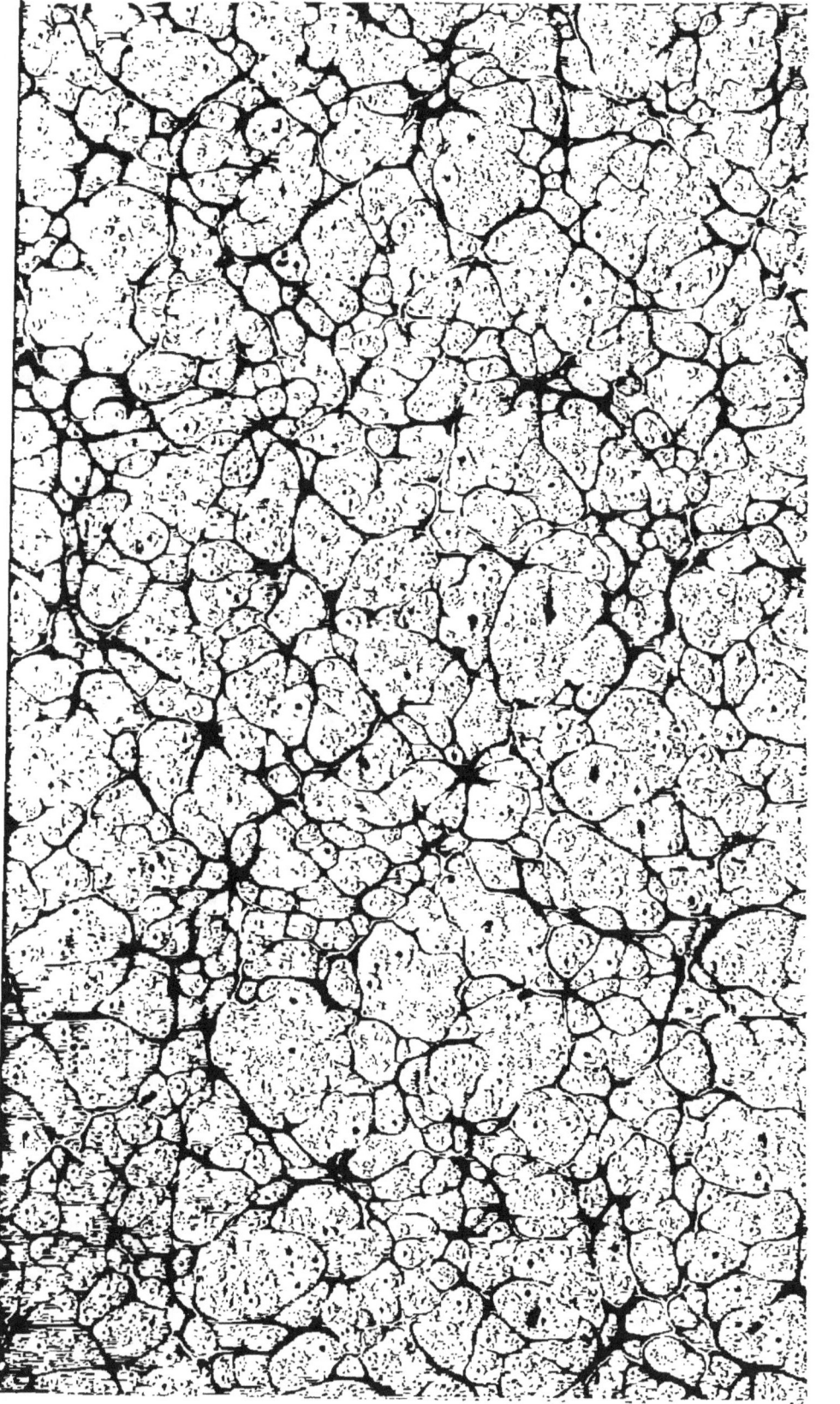

ÉGLISES
ET
CHATEAUX

PAR

M. Ernest FOUINET.

PARIS
AU BUREAU DU JOURNAL DES JEUNES PERSONNES
Rue Cassette, nº 20
1843.

Imprimerie de E. DUVERGER, rue de Verneuil n° 4.

ÉGLISES ET CHATEAUX.

Ce titre est bien vaste pour le recueil où nous le plaçons ; mais que l'on se rassure ; le tableau sera proportionné au cadre. Laissant aux érudits le soin de tracer avec austérité l'histoire des innombrables monuments consacrés à la grandeur divine ou aux grandeurs humaines, nous n'avons d'autre projet que de faire, par la pensée, quelques légères et rapides excursions, tantôt dans les rues de la vieille cité, à la recherche d'une vénérable église ou d'un antique monastère, tantôt dans la campagne, autour des murailles de ce qui fut jadis un redoutable château-fort, ou sous les ombrages séculaires qui entourent un palais où les rois eurent jadis leur éblouissante cour. Châteaux, églises, combien de ces édifices, frappés par le contre-coup des modifications fondamentales que reçoit la société depuis un demi-siècle, ont disparu sous le marteau, ou bien sous le masque d'une destination nouvelle souvent bien opposée à leur primitive destination! C'est cette métempsycose, nécessairement étrange, subie par de saintes ou nobles demeures, qui sera notre pensée dominante dans le cours des promenades auxquelles nous invitons nos lectrices. Pendant ces brumeuses soirées, devant un foyer pétillant, ne leur sera-t-il pas doux de nous suivre par l'imagination, de passer avec nous du présent au passé, du passé au présent, recueillant tous les souvenirs, éveillant les échos de toutes les ruines, les interrogeant sur les faits, sur les traditions historiques, et de peindre ainsi, en jouant, non un sévère tableau d'histoire, mais une esquisse souple et variée, un simple paysage historique ; et par quel plus magnifique paysage pourrions-nous commencer que par Saint-Germain ?

SAINT-GERMAIN.

Il est peu de noms que la France ait vénérés aussi profondément. Cent trente villes, bourgs ou hameaux qui le portent sont la preuve incontestable de ce fait, et, à Paris, dès les premiers siècles de la chrétienté, le cours de la Seine était mis sous la protection de deux basiliques qui s'élevaient sur l'une et l'autre de ses rives comme deux pieuses sentinelles, toujours prêtes à recevoir les premiers coups des Normands, toujours prêtes à prier pour la ville : ici, la religieuse forteresse de Saint-Germain-des-Prés, ce Saint-Denis des premiers Mérovingiens ; là, Saint-Germain-l'Auxerrois, trace auguste des pas qu'y laissa saint Germain, évêque d'Auxerre, se rendant en Angleterre pour prêcher contre l'hérésie de Pélage. Là, il quittait Paris, entouré de l'escorte d'une population respectueuse et entreprenait, à pas lents et graves, le trajet que nous allons franchir avec la vitesse de l'éclair.

Nous voici rue Saint-Lazare, peut-être sur une partie de l'immense enclos que possédait, loin de Paris, le couvent de ce nom, devenu prison, comme bien d'autres monastères. La cavale ardente, la locomotive, fait entendre ses hennissements étouffés, son souffle pressé se précipite. Elle attend, elle s'impatiente. Livrons-nous à sa course rapide. Une minute, deux minutes, sous les lambris des voûtes; deux ou trois au plein soleil, nous glissons sur la Seine, puis au milieu des champs. Les pièces de terre fuient derrière nous comme les jantes d'une roue énorme. A peine, en passant près de Nanterre, avons-nous le temps d'entrevoir la douce et pieuse figure de la bergère Geneviève, consacrée au culte de Dieu par saint Germain d'Auxerre, et le mont Valérien, dont l'antique Calvaire devenu une forteresse aura bientôt disparu. Encore la Seine ! elle passe sous nous comme un nuage lumineux, et déjà nous sommes au bout du bois du Vezinet, qu'une tradition poétique nomma le *Bois de la trahison*. La Seine une troisième fois, nous sommes au Pec, ou à *Alpec*, suivant l'ancien nom, le véritable nom autochtone, à la racine celtique, *alp*, qui signifie *montagne*, et nous nous apercevons qu'elle n'est pas menteuse, lorsque nous gravissons péniblement les rampes et les terrasses qui mènent à Saint-Germain. Ces terrasses, ces rampes, aujourd'hui pavées et devenues des chemins poudreux, furent jadis de frais et somptueux jardins dont bientôt nous vous entretiendrons.

Arrivés enfin à cette esplanade magnifique que Le Nôtre a déployée sur la croupe de la montagne, arrêtons-nous pour reprendre haleine et aussi pour contempler l'immense horizon. Autrefois la colline était revêtue de hautes futaies pareilles à celles de la forêt. Là, en souvenir du passage de saint Germain poursuivant sa route vers les côtes de Normandie, s'éleva une chapelle au milieu de ces solennels ombrages, puis le roi Robert fit de l'humble oratoire un monastère, une église ; puis, un peu plus avant dans la forêt, Louis VI construisit un château. Dès lors, les paysans et les hommes pieux se réunissant autour de l'église, les grands seigneurs et les courtisans autour du palais, une société complète commença à se former entre ces deux édifices, dont la fraternelle union a constitué, pendant treize cents ans, tout notre état social.

On cherche vainement où fut le monastère, et quant au château de Louis-le-Gros, les Anglais le démolirent à la suite de la désastreuse bataille de Crécy. Les calamités qui signalèrent le règne du roi Jean mirent obstacle à ce qu'il fût reconstruit. Mais, en 1370, Charles-le-Sage le *fit*, comme dit Christine de Pisan, *moult notablement réédifier*. C'est là que, vingt ans après, Charles VI étant à prier dans la chapelle, près de sa jeune et prodigue épouse Isabeau de Bavière, le tonnerre vint tomber à côté de la reine, par le temps le plus calme, le plus serein. Quatre seigneurs frappés par ce coup de foudre furent brûlés os et chair, à l'exception de leurs peaux, qui restèrent complétement noircies. En ce moment même, dans une autre partie du château, on délibérait sur la création d'un impôt qui devait pressurer le pays pour procurer de l'or à Isabeau de Bavière ; mais elle recula devant cet avertissement du ciel, et l'impôt que l'on songeait à établir fut abandonné.

Cet orage étrange fut comme le précurseur de toutes les cruelles tempêtes populaires qui battirent la France sous le malheureux Charles VI, et aboutirent à une nouvelle invasion du pays par l'étranger, à la faveur de la guerre civile. De nouveau, les Anglais, après avoir pillé et ravagé la ville de Saint-Germain, dévastèrent le château, en 1419. Toutefois, il ne tarda pas à rentrer au pouvoir du roi de France Charles VII, puis il passa avec le trône à Louis XI, et celui-ci, dans les accès d'extrême libéralité que lui inspiraient, envers son médecin, les terreurs de la mort, rendues insupportables par une mauvaise vie, fit présent à maître Coictier de la noble demeure ; mais elle n'avait dérogé à ce point que pour peu de temps. Dès que Louis XI eut rendu le dernier soupir, le parlement cassa la donation, et Saint-Germain, redevenu résidence royale, fut agrandi et embelli par François Ier, qui s'y maria, et y fit de longs et brillants séjours, car il aimait les longues allées de la forêt, où l'on pouvait courir, comme le dit Duchesne, « les daims, les chevreuils et les cerfs *à force*. »

C'est dans ce magnifique parc qu'eut lieu, en présence de Henri II, le combat en champ clos entre la Chataigneraye et Jarnac dont le coup, fatal à son adversaire par son étrangeté et sa nouveauté dans l'art de l'escrime, donna naissance à un des dictons les plus usités de la langue. Il semble que Henri II, qui avait autorisé ce duel, ait été puni par le talion, puisqu'un combat singulier fut la cause de sa mort.

Le premier, entre tous les possesseurs de Saint-Germain, Henri IV, se demanda par quelle bizarrerie le château avait été construit si loin du bord de la montagne et de l'admirable vue qu'elle découvre. Cette réflexion fut féconde, et bientôt le château neuf s'éleva dans cette situation magnifique, sans toutefois se séparer de l'ancien château, auquel il se rattachait par un vaste manége. L'historien Duchesne nous a raconté les merveilles de la nature et de l'art que développaient alors sous les yeux de Marie de Médicis, de Gabrielle et de Henri IV, ces terrasses et ces rampes aujourd'hui devenues des rues. Devant le château, et son majestueux escalier flanqué des deux types de la force dans l'homme, dans la brute, ici, un lion, là, Hercule, l'eau jaillissait à gros bouillons d'une abondante fontaine, et, de là, descendait en frais ruisseaux, en limpides cascades, de terrasses en terrasses, pour aller arroser les arbustes et les fleurs du parterre qui s'élevaient en amphithéâtre, de la Seine à la crête de la montagne. Quel tableau pour les mariniers qui glissaient sur le fleuve! Ces filets d'argent, en serpentant dans des petits vallons ombreux, mêlaient leurs mélodieux murmures à d'autres bruits non moins doux, de merveilleux concerts d'oiseaux, le chant solitaire du coucou, le son lointain de la trompette et les ravissants accords des orgues. Toutes ces harmonies sortaient des grottes éparses çà et là aux divers étages de la colline. Ici une belle nymphe dont l'eau faisait mouvoir les doigts, tirait de magiques accents de l'orgue sur le clavier duquel flottait sa main, et dans la grotte voisine, autour d'un dragon, • lequel battait des ailes avec grande véhémence, et vomissait violemment de grands bouillons d'eau par la gueule, étaient divers petits oisillons qui faisaient retentir l'air de mille sortes de ramages, et surtout les rossignols y musiquaient à l'envi et à plusieurs chœurs. » Plus bas, du fond d'une autre grotte, s'élevaient de retentissants bruits de marteaux frappant l'enclume en cadence : c'étaient des maréchaux-ferrants qui battaient le fer ; l'eau jaillissait en torrent au lieu d'étincelles « et à si gros bouillons contre ceux qui se tenaient aux fenêtres, qu'en un moment ils étaient tout mouillés. »

Ces merveilles hydrauliques de Claude de Monconys, président des finances à la généralité de Lyon, furent, un siècle plus tard, dépassées de beaucoup par la célèbre machine du chevalier Deville, laquelle lança la Seine sur le pont d'un immense aqueduc, l'une des beautés du paysage, et la Seine, ainsi portée à Versailles, alla produire, dans les pièces d'eau du parc de Le Nôtre, des effets moins puérils que ceux des grottes du château neuf de Saint-Germain. Ces grottes ont toutes disparu, ainsi que leurs tritons et leurs naïades, et la machine de Marly est aujourd'hui à peu près oisive près de la simple pompe à feu qui la remplace à moins de frais, avec moins de bruit et aussi plus utilement, car ce qui est simple est toujours le mieux.

Ce qui perdit le château neuf de Saint-Germain, ce fut précisément sa beauté, l'étendue de sa perspective. Du moment où Louis XIII mourant, s'étant fait transporter à une fenêtre pour contempler encore l'immense horizon, eut dit, en montrant le clocher de Saint-Denis : « *Mes amis, voilà ma dernière demeure*, » l'arrêt du château était porté ; et aujourd'hui, après avoir été longtemps abandonné, le seul pavillon qui en reste est un hôtel garni et un restaurant, qui n'a plus de royal que son nom de *Pavillon Henri IV*. Peut-être fût-ce dans ce pavillon que Louis XIII prononça les mélancoliques paroles que nous venons de rapporter ; peut-être est-ce là même que son fils bien-aimé, après avoir reçu le baptême, en 1643, à l'âge de quatre ans et demi seulement, accourait tout ému par l'imposante cérémonie : « Eh bien ! lui dit Louis XIII d'une voix éteinte, comment vous nommez-vous, à présent, mon fils ? — Louis XIV ! » répondit avec une fermeté naïve le futur grand roi. Cette réponse était sans doute la répétition d'une flatterie que quelque courtisan, doué d'une bien longue prévoyance, murmura à l'oreille de l'enfant ; mais elle frappa au cœur le royal malade. « — Louis XIV ? répliqua-t-il, — pas encore, mon fils, pas encore ; mais ce sera peut-être bientôt, si c'est la volonté de Dieu. » Et quelques jours après il expira.

Les paroles touchantes, les actes mémorables donnent, ce nous semble, une âme aux lieux ou ces actes s'accomplirent, où ces paroles furent prononcées ; voilà pourquoi nous voyons avec douleur tomber toute ruine, et que, d'un œil pensif, nous contemplons ce pavillon Henri IV, aujourd'hui consacré aux rires et aux divertissements des citadins. Au lieu de les écouter, enfonçons-nous dans la forêt, par cette allée verte et solitaire « couverte d'une feuillée si épaisse et touffue que le soleil en sa plus grande chaleur ne saurait transpercer. » Que de souvenirs se pressent autour de ces arbres magnifiques ! Que de nobles dames, que de de vaillants chevaliers de tous les âges se promenèrent sous cette ombre verdoyante ! Combien la pensée n'entend-elle point dans ces solitudes, retentir de sons de cor, et de victorieux hallalis, car nous approchons d'un antique rendez-vous de chasse ! Le château des Loges fut, dit-on, construit par Louis IX pour cet usage ; mais le saint roi ne pouvait créer un lieu de plaisir sans placer à côté un lieu de prière, et une petite chapelle s'éleva près du manoir. Celui-ci tomba sous le poids des siècles, mais l'humble chapelle de Saint-Fiacre survécut comme toute pensée religieuse, et des ermites s'y succédèrent jusqu'en 1626 ; puis Anne d'Autriche, un an après la mort de Louis XIII et le baptême de Louis XIV, y fonda un monastère de moines Augustins. Ce monastère reçut d'elle, en signe de gratitude pour les premiers succès qu'obtint sa régence, le titre plein de charme et de piété de Notre-Dame-des-Grâces, nom que ne dément pas du moins la destination actuelle du couvent des Loges : il est aujourd'hui une succursale de l'école des orphelines de la Légion-d'Honneur.

N'y a-t-il pas un intérêt infini à recueillir ces lointains et calmes souvenirs au milieu des bruits du présent? ces réminiscences sont rendues plus piquantes par le contraste que forme, avec ces solennelles et dévotes solitudes d'autrefois, le tumulte joyeux de la fête des Loges. Là, tout Paris accourt ; le boulevard du Temple et les Champs-Elysées avec leurs saltimbanques épouvantent, par leurs concerts de grosses caisses et de cymbales, les ramiers cachés à la cime des hautes futaies, les chevreuils au fond de leurs lointaines retraites, et des tourbillons de fumée se déroulent dans les feuillages des arbres séculaires, au-dessus de ces immenses broches qui rappellent les noces de Gamache, ou, plutôt, les rôtisseries qui furent dans les rues aux Ours ou de la Huchette, et dont un ambassadeur italien disait avec admiration : *Queste rotisserie sono veramente cosa stupenda!* (ces rôtisseries sont vraiment une chose merveilleuse !)

Mieux valent cent fois les bois solitaires et ces allées à perte de vue, terminées par un point lumineux ou l'imposante façade du vieux château dans lequel François Ier se maria, qui vit les magnificences de la cour des Valois, qui entendit les spirituels et joyeux propos de Henri IV, où brillèrent les fêtes de la régence d'Anne d'Autriche et les plus florissantes années de Louis XIV. Le vaste tapis de verdure que l'on trouve en sortant de l'avenue des Loges, là, même, où fut un magnifique jeu de mail, ce boulingrin était alors le parterre du roi, et parmi les cinq pavillons que Louis-le-Grand ajouta au château, celui-ci fut habité par mademoiselle de La Vallière ; car lorsque la cour eut cessé d'y resplendir, la future Carmélite y établit sa retraite jusqu'à sa prise de voile, et à cette grandeur terrestre déchue, succéda une autre grandeur déchue aussi : le roi Jacques d'Angleterre.

Le roi Jacques est un des souvenirs les plus ineffaçables du château de Saint-Germain, où Louis XIV l'installa, après avoir été au-devant de lui avec un cortége de la plus royale magnificence. Plus le roi d'Angleterre était abattu, plus le roi de France, tout-puissant et glorieux, voulait relever en lui la royauté et honorer le malheur. Ces escaliers, dont la simplicité révolterait un parvenu de nos jours, on ne peut les monter sans se rappeler que Louis XIV les monta pour aller voir Jacques II. Cette chambre, ce fut peut être celle où Louis XIV, dans un mouvement tout chevaleresque, donna ses armes au roi expatrié qui allait tenter de rentrer dans son pays ; et quand, pour la seconde fois, Jacques revint dans son royal exil, quelles larmes il dut répandre sur ce prie-Dieu doré que l'on ne peut contempler sans émotion !

Et c'est à Saint-Germain qu'il mourut au bout de quatorze ans de séjour loin de sa patrie. Là, huit ans après, sa femme et sa fille, rendirent aussi le dernier soupir ; puis, à cette famille qui semble n'avoir laissé au château que gravité et tristesse, là, où jadis étaient la joie et les splendeurs, succéda un long oubli ; puis nous y avons vu une caserne, et aujourd'hui le royal manoir est devenu une prison militaire, établi d'après le système pénitentiaire qui partage la vie du prisonnier entre l'isolement absolu et la vie en commun. Quelle inscription frappante on lit sur la porte du pénitencier ! *Quiconque enfreint la loi n'est pas digne d'être libre!* Le coupable, dès le moment où il met le pied sur le seuil, est saisi par cette pensée qui s'empare de lui, et l'arrêt qu'il a lu en entrant dans le lieu de son expiation, il le lit encore, salutaire avertissement, lorsqu'il sort de sa prison pour rentrer dans la société.

Et ce n'est point là l'unique sentence qui frappe les détenus ; ils ne peuvent faire un pas dans le pénitencier sans que, de toutes parts, leurs yeux ne s'arrêtent sur de salutaires paroles; chacune des murailles qui les tient renfermés est la page d'un livre de la morale la plus pure. Si, dans leurs ateliers, ils laissent échapper de leurs mains les instruments de leur travail, et que, regrettant le monde et une liberté oisive, ils promènent autour d'eux des regards inoccupés : *Le travail est une meilleure ressource contre l'ennui que le plaisir. — Le travail conduit à vaincre la douleur du corps et augmente les forces de l'âme;* ces maximes répondent à leurs voix intérieures, et ils reprennent leur travail avec courage. Si, aux heures de leur récréation dans le préau enclos des hautes murailles des fossés, il leur survient la mauvaise pensée de se livrer à des jeux de hasard : *Pas de probité possible avec la passion du jeu. — Il n'est point d'exemple d'un joueur de profession qui n'ait fini misérablement ;* à l'aspect de ces avis solennels, les cartes, les dés leur tomberont des mains, et, s'ils ont quelque pensée impie dans l'âme : *L'insensé seul a pu dire dans son cœur : Il n'y a point de Dieu.* Telle est l'imposante parole qu'ils lisent dans la chapelle.

Cette chapelle où ont retenti tant de chants, d'actions de grâces et d'hymnes de victoire, où des cœurs repentants et brisés ont soupiré tant de douloureuses invocations, où ont été baptisés, mariés, conduits au tombeau, tant de grands, aujourd'hui, chaque dimanche, cinq cents hommes s'y pressent. Ce n'est plus la resplendissante cour de Louis XIV, ni même la cour de Jacques II; plus de broderies, plus de brillants uniformes, mais une foule de costumes gris, couleur de deuil. Qu'il est imposant de voir, au sourd roulement du tambour, ces captifs tomber à genoux devant l'autel; et de quel saisissement religieux le cœur est pénétré, lorsque tous, d'une seule voix, rompent leur silence habituel pour prier ou adresser des hymnes touchantes au Dieu qui répondra par la grâce au repentir!

Ce que nous avons rapporté du régime de cette prison militaire révèle la présence d'un officier habile, qui a compris que sa belle mission était de purifier, au nom de la morale, ceux qu'il punissait au nom de la loi. Ses nobles soins obtiennent une douce récompense. Chaque année le commandant a le bonheur de pouvoir signaler à la clémence royale des hommes que leur conduite en rend dignes, et cette clémence descend avec joie sur eux. Puis les tristes cellules reçoivent un doux reflet d'un salon où la grâce et la bonté le disputent à l'esprit. Ce n'est plus l'étincelant salon de Louis XIV, ni l'austère salon du roi Jacques, c'est un salon plein de charme et d'exquise simplicité, dans lequel on aime à se presser autour d'une belle illustration, d'un poëte, d'un homme excellent, l'auteur de *Sylla*, l'ermite de la Chaussée-d'Antin.

ABBAYE

DE

SAINT-GERMAIN-DES-CHAMPS.

CONSERVATOIRE

DES ARTS ET MÉTIERS.

Dernièrement, dans de rapides souvenirs inspirés par la vue du château de Saint-Germain, nous remarquions que les cent trente villes, bourgs ou hameaux placés sous l'invocation du saint évêque d'Auxerre étaient le témoignage éternel de l'influence dont il avait joui dans les Gaules. Quelle fut donc la vénération attachée au nom de saint Martin, patron de deux cent soixante-douze localités d'importance diverse, sans compter les innombrables églises qu'il protége!

Cet hommage universel fut-il rendu au célèbre prélat de Tours, ou au simple cavalier Pannonien, qui, pour vêtir un pauvre, se dépouillait de la moitié de son manteau? Soyons convaincus que la charité, et la charité exercée aussi complétement par la rude main d'un soldat du Nord, excita, la première, les acclamations religieuses dont fut salué saint Martin lorsqu'il monta sur le siége épiscopal. Il avait préludé à son apostolat par l'enseignement pratique de la plus belle et de la plus chrétienne des vertus.

Aussi, après trente années d'une vie sainte, laissa-t-il, en mourant, le plus pieux renom à la ville de Tours, dont son souvenir est pour toujours inséparable. Le temple où il priait, où il enseignait à prier, l'étroite, la pauvre cellule que l'humble prélat voulut habiter près de son église, et la solitaire retraite de Marmoutiers (*Martini monasterium*), où il se retirait hors de la ville pour fuir les visiteurs; tous ces lieux devinrent autant de lieux saints, où l'on se rendait en pèlerinage. C'est ainsi que l'on aime à retrouver et à aller revoir, par la pensée, les hommes chers et vertueux.

Clovis, à peine chrétien, accourut faire hommage de son coursier de bataille à saint Martin de Tours, et, renonçant au lion que portaient sur leurs enseignes les premiers chefs des Francs, il prit pour étendard royal la *Chape de saint Martin*, beau monument de sa charité. Cet étendard n'était autre chose que le manteau du pieux soldat, brodé ou broché sur l'enseigne nationale, lequel manteau était, dit-on, composé de peaux de brebis. De là vient que beaucoup d'églises de France étaient dans l'usage de donner à l'église et à l'abbaye, le jour de la Saint-Martin d'hiver, un certain nombre de peaux d'agneaux, et cette redevance avait conservé le nom de *Mantel de Saint-Martin*. Sous cet étendard, Clovis ayant presque accompli une vie toute de triomphes, Anastase, empereur d'Orient, envoya au victorieux monarque, en 510, une couronne d'or et un manteau de pourpre, avec le titre de Consul et d'Auguste. Clovis, paré de ces insignes de l'antique grandeur romaine, se rendit à la métropole de Tours, et là, mit sur son front et de sa propre main la couronne, ainsi que firent le fils de Charlemagne et Napoléon ; puis, vêtu de la pourpre impériale, il traversa, en jetant l'or et l'argent à la foule, le parvis de l'église de Saint-Martin, qui, bientôt après, devint le lieu d'adoration et de prière de Clotilde, cette femme douce, comme le nom que nous lui avons fait, Clotilde, l'apôtre élue entre les femmes.

Et non-seulement les rois, les princes, les grands de la naissante chrétienté venaient se prosterner devant la châsse du saint évêque, des gens de toutes les classes, et les pauvres surtout, ceux qui ont le plus besoin d'une foi qui soutient, d'une piété qui console, les pauvres pèlerins y abordaient du midi, du couchant, de l'orient, du nord, et des grands, des riches et des âmes charitables élevèrent sur le chemin de ces pèlerins des lieux d'asile et de repos, des stations. Or, ceux d'entre ces pieux voyageurs qui du nord se rendaient à Tours, et avaient par conséquent Paris à traverser, trouvaient en avant de la capitale, bien petite encore, puisqu'elle avait pour limites les deux bras de la Seine, un oratoire dédié à saint Martin, une humble chapelle en branches d'arbre, qui bientôt devint un monastère révéré à la suite d'un merveilleux événement naïvement raconté par Grégoire de Tours, le plus ancien de nos historiens et l'un des successeurs de saint Martin dans la chaire épiscopale. C'était sous Gontran et Clotaire. En ce temps-là, une femme, courut pendant trois jours les rues de la ville, disant au peuple : *Fuyez d'ici! et sachez que toute la ville sera bientôt brûlée.* Quelle émotion se répandit dans les populations croyantes, crédules même, de ces ténébreuses époques; on peut le comprendre, surtout lorsque cette femme de mauvais augure ajouta *qu'elle avait vu un homme venir du côté de Saint-Vincent* (Saint-Germain-des-Prés) *un cierge à la main, et mettant le feu aux maisons des marchands.*

Cette prédiction funeste se réalisa : trois jours s'étaient écoulés à peine, qu'un soir, au soleil couché, un homme laissa jaillir quelques étincelles de sa chandelle sur une cuvette remplie d'huile. Ce liquide enflammé, en un clin d'œil devint un torrent de feu. Sa maison, située à côté de *la porte du Midi*, fut bientôt enflammée, et le vent soufflant avec fureur, l'embrasement dévora tout l'intérieur de la ville jusqu'à *l'autre porte où il y avait un oratoire de saint Martin, devant lequel s'arrêta court l'incendie qui, jusque-là, roulait en grands boulets de flamme.*

L'abbaye, construite à la place qu'occupait le merveilleux oratoire, fut bientôt dévastée par un autre incendie, un autre torrent, un autre fléau, les Normands, dont il est impossible de ne pas rencontrer les hordes formidables en remontant le cours de notre histoire, de même qu'on ne saurait traverser l'histoire de l'empire romain, sans y rencontrer nos ancêtres germains et gaulois. Conquérants conquis, envahisseurs envahis à leur tour, ainsi va le monde. Or, les Normands, dans une de leurs expéditions sur la Seine, anéantirent l'oratoire de saint Martin avec une *rage indomptable, car il semblait qu'il n'eût jamais existé.* (*Quasi non fuerit.*)

Telles sont les expressions de l'acte par lequel Henri Ier, fils de Robert-le-Pieux, déclara le rétablissement, sur des terres à lui appartenantes, du monastère de Saint-Martin-des-Champs, restauration qui eut pour motif principal la reconnaissance que le monarque ressentait de la victoire qu'il avait remportée sur les grands vassaux, excités à le renverser du trône, par sa mère Constance, au profit de son frère Robert. Au lieu de raconter froidement les diverses phases de cette religieuse fondation, que ne puis-je présenter ici la légende que nous en a laissée un moine des premiers temps de l'abbaye? Elle est en vers, et en vers d'un latin si barbare, que nos lectrices seraient trop heureuses de n'y pouvoir rien comprendre. Ce que je voudrais leur montrer, ce n'est donc point la narration, mais bien la série d'enluminures dont elle est, comme nous dirions de nos jours, merveilleusement illustrée. C'est d'abord Henri Ier, assis, en costumes royaux, sur son trône; et du côté opposé au trône, dans une niche richement sculptée, est l'évêque saint Martin, auquel le roi fait don de l'abbaye dont il lui montre l'image dans le fond du tableau; puis une autre enluminure représente l'évêque de Paris remettant à l'abbé Ingelard et aux chanoines réguliers, la charte de fondation et d'affranchissement de l'église. Ils en prennent possession sur-le-champ; car on les voit dans un coin de l'image se dirigeant en procession vers l'édifice, dont on reconnaît la forme actuelle. Une troisième enluminure accompagne le diplôme par lequel le roi Philippe I*er* fait diverses donations au monastère *ouvert pour les pauvres et pèlerins de Saint-Martin*. Cette enluminure réunit naïvement dans ce cadre étroit les églises d'Anet, d'Aubervilliers, de Noisy-sur-Marne et de Bondy, plus un moulin situé sur le grand pont. On voit que les enlumineurs d'alors n'étaient nullement embarrassés pour rapprocher les distances, et, dans leurs compositions, tenaient peu compte de l'unité de lieu.

Bientôt, sur la demande du prieur et des religieux, le monastère reçut du roi Louis-le-Gros la plus belle des donations, une charte qui relevait les serfs du couvent de *l'humiliante* et *funeste abjection* dans laquelle ils étaient placés vis-à-vis des hommes libres en cas de témoignage en justice, et les autorisait à déposer comme *témoins légitimes* et à affirmer leurs dépositions par *serment*. Rendre à l'homme la faculté du serment, de ce qu'il y a de plus saint, c'était le rendre au sentiment de sa dignité, de sa moralité par conséquent. Cette charte, l'un des premiers pas de l'affrànchissement commencé par Louis VI, était, certes, la plus belle des donations qu'il pût faire à une église chrétienne.

Dès ces premiers temps, le monastère était richement doté; aussi devint-il un des prieurés les plus opulents des opulents Bénédictins de Cluny. Il possédait presque toute la campagne dans un rayon de cinq ou six lieues, au nord de Paris, et, en outre, avait dans la ville plusieurs possessions et fiefs, qu'il tenait des rois ou de personnes pieuses. Ainsi, le fameux Bouchard de Montmorency lui faisait don de quarante sous parisis à prendre sur un péage dont il jouissait sur le chemin de la cité; ainsi, Louis-le-Jeune donnait aux moines, en 1137, une maison, un four, une terre dans les Champeaux, « où, continue le royal donateur, mon père a établi un nouveau marché dans lequel ont une place les vendeurs de denrées et une partie des changeurs. » Or, ce fut le commencement de la halle, que ce marché des Champeaux, situé dans le faubourg de Paris.

Que de faubourgs ont depuis cette époque repoussé dans l'intérieur de l'immense ville ces champeaux dont le nom suffisait pour représenter à nos ancêtres un aspect tout rural, car ce nom signifie *petits champs!* C'étaient, à cette époque, des jardins et des marais, que cette bruyante rue des Petits-Champs, qui est aujourd'hui presque au centre de notre monde parisien; et, bien plus avant encore, au fond de ce chaos de rues sales et étroites, sur le territoire du quartier Saint-Martin, est une rue des *Petits-Champs,* dont le nom éveille notre imagination rétrospective et la magicienne, tendant de verts tapis de gazons là où sont des pavés boueux, élevant des hêtres, des ormes, des peupliers à la place des maisons enfumées et croulantes, nous montre la vaste *culture* ou *coulture Saint-*

Martin, au milieu de laquelle se dressait le monastère, flanqué de tours et de remparts, alors qu'il était, comme dit une chronique écrite en latin, à *plusieurs parasanges* de la ville. Ici, soit dit en passant, *parasange* est un mot persan, adopté par les Grecs et les Romains, pour exprimer la distance que, dans notre langue *métrique*, nous appelons un kilomètre, et en français un quart de lieue.

C'était à cette époque que les annalistes, racontant les débordements de la Seine et de la Marne, non contenues alors par des quais, parlent de *bateaux naufragés entre la ville et l'église Saint-Laurent*, situé aujourd'hui au centre du populeux faubourg Saint-Martin. Une heure de marche sépare ce faubourg du premier faubourg de Paris, où alors on voyait la chapelle de Saint-Jacques-la-Boucherie, devenue plus tard une église, dont la tour seule debout à présent, domine de si haut le cours de la Seine et la vieille ville.

« Veux-tu savoir comment le monde ira le lendemain de ta mort ? a dit je ne sais quel moraliste de l'Orient, regarde autour de toi après la mort d'un de tes semblables. » Prenant le contre-pied de cet adage : « Veux-tu savoir, pourrait-on dire, comment ces champs, ces jardins et cultures sont devenus rues, places et ville avant toi ? rappelle-toi ces vastes terrains verdoyants, ce magnifique jardin de Tivoli que les maisons envahissent de jour en jour, et les vastes terrains verdoyants qui étendaient leur tapis de gazon sous Montmartre, il y a deux ans à peine. Aujourd'hui toute une ville s'y groupe autour de l'église de Notre-Dame-de-Lorette, dont le sol, placé sur le chemin de la chapelle des Martyrs, appartenait autrefois à l'abbaye de Saint-Martin-des-Champs. Nous avons vu cette campagne devenir cité comme par enchantement, et avec la dévorante rapidité qui emporte nos jours et nos années. »

Avec plus de lenteur, mais aussi avec

plus de solidité, beaucoup d'antiques maisons le prouvent, Paris diminua le nombre de parasanges qui le séparait du monastère de Saint-Martin-des-Champs, et les enceintes de Philippe-Auguste, de Charles V, reculèrent devant les pas que la ville faisait, surtout vers le nord, comme aujourd'hui. Un acte de 1373 est daté de Saint-Martin-des-Champs, *près Paris;* et, en effet, un établissement qui existait à cette époque dans la coulture Saint-Martin, établissement bien peu convenablement placé sur une terre d'église, démontre que la cour et le monde s'en approchaient de plus en plus. C'était un champ clos, toujours ouvert, toujours sablé, toujours entouré de sa double barrière, toujours de ses échafauds et de ses gradins, d'où le roi, les juges du camp, les dames (les dames !), les gens de la cour et le peuple venaient au spectacle des duels judiciaires ordonnés par le prince ou le parlement lui-même. C'est là, qu'en vertu d'un ordre de cette cour de justice, et elle oubliait profondément sa haute mission en commandant à des hommes de se faire justice eux-mêmes, c'est là qu'eut lieu, en présence du roi, le fameux duel de Legris et Carrouge en 1386 ; c'est là, enfin, qu'en 1409, Charles VI et sa cour assistèrent au combat d'un Breton et d'un Anglais pour cause *de foi mentie l'un à l'autre.* Qui avait menti à sa foi ? le Breton? l'Anglais? Le sort des armes déclara franc et loyal le plus fou et le plus habile. Croyons que pendant ces scènes de meurtre les moines étaient en prière.

Quelques années après, seulement, ils devaient être encore prosternés devant l'autel, car il se passait autour de leurs murailles et dans leur coulture même, une scène bien plus affreuse! Le comte d'Armagnac et le chancelier de Marle, égorgés par les Bourguignons en 1418, étaient jetés au milieu des carcasses des chevaux et des chiens morts, à peu près là où sont aujourd'hui les magnifiques boulevards, dans une voirie appelée Louvière, après avoir été traînés, trois jours durant, de rue en rue, par une atroce populace. Les religieux accomplirent leurs saintes fonctions, et allèrent relever ces corps mutilés, pour leur donner la sépulture, ainsi, sans doute, qu'à tous les malheureux qui furent massacrés *dans la prison de Saint-Martin-des-Champs.*

Et cette prison, on en voit encore une tourelle rue Saint-Martin, au coin de la rue du Vertbois, de même qu'il y a deux cents ans, dans cette même rue, et près de l'église Saint-Nicolas, autrefois simple chapelle destinée aux serviteurs du monastère, on voyait se dresser l'*échelle*, signe sinistre par lequel s'annonçaient les hauts justiciers ; l'échelle où se faisaient toutes les exécutions ordonnées par les juges au nom du Prieur. Oh ! que les établissements religieux furent plus beaux et plus vénérables dès qu'on les eût dégagés de ces attributs de la justice humaine ! Hâtons-nous de rappeler ici, cependant, que le chapitre Notre-Dame, venant en procession à Saint-Martin-des-Champs, lors des deux fêtes solennelles du patron, faisait, par sa seule présence, sortir des cachots un prisonnier.

La ville n'était pas, on le pense, dans un bien actif état de progrès en ces jours de calamités publiques. *En plusieurs terres et juridictions de ladite église* (Saint-Martin), *qui soulaient être peuplées de bonnes gens mesnagiers, est à présent grande quantité de maisons et lieux cheus en ruine et désert.* Tels sont les termes d'un acte par lequel frère Jehan Alvernas, *humble prieur de l'église et lieu de Saint-Martin-des-Champs à Paris,* concède un terrain à Nicolas Flamel *pour y faire édifier soit maison d'aumosne par manière de hopital ou autrement, et pouvoir les donner à demeurer pauvres gens.* Ces établissements charitables, bien placés près d'un lieu consacré à un saint dont la charité pratique fut la première profession de foi, étaient plus

2.

utiles que jamais à cette époque de désordre et de détresse où l'Hôtel-Dieu était souvent fermé aux pauvres, à défaut d'argent pour se soutenir. Nicolas Flamel faisait donc, en établissant des maisons d'aumône, un bien louable emploi de sa fortune acquise par de longs et habiles travaux comme écrivain public et libraire-juré de l'université. Ses crédules et peut-être jaloux contemporains, ne pouvant s'expliquer les richesses qu'il avait réalisées au prix de l'économie et de l'ordre, publièrent qu'il avait trouvé le secret de transformer les métaux en or, et découvert la pierre philosophale. Pierre philosophale, en effet, bien précieuse et bien rare, que l'ordre et l'économie qui permirent à Nicolas Flamel de se montrer charitable et secourable aux malheureux, en des temps d'avidité et d'égoïsme.

Les pieuses constructions de Flamel portèrent bonheur au quartier. Sous les règnes relativement paisibles et heureux qui suivirent celui de Charles VI et la domination des Anglais, il s'étendit, se peupla et bientôt il ne resta plns de la coulture Saint-Martin, et des champs au milieu desquels s'était élevée cette abbaye, qu'un vaste et bien vaste jardin dont, en 1536, un écrivain du monastère donne une courte description en parlant des améliorations que le prieur de cette époque avait réalisées : « Il « ceignit de tous côtés de murailles et d'eaux « courantes les habitations tant des frères « que des *hôtes* (le but de la fondation étai « toujours pieusement observé), et dans « cette enceinte il renferma les jardins, les « saussayes, les vergers et les étangs pois- « sonneux. »

Ces jardins, ces étangs et ces vergers que sont-ils devenus aujourd'hui ? Un lieu où abondent les habitants des étangs, les fruits des vergers, mais détachés pour jamais des branches verdoyantes, exilés des limpides eaux, mais décolorés, éteints, morts. Les jardins de Saint-Martin-des-Champs sont changés en marché.

' Et les habitations tant des frères que des hôtes? Certes l'abbé Ingelard, le prieur Hugo Ier, et leurs successeurs, lorsqu'ils construisaient l'église, les cloîtres, le beau dortoir, le réfectoir plus élégant encore, et ceignaient les quatorze arpents du prieuré d'une muraille fortifiée qui n'a été renversée qu'en 1571, ils ne soupçonnaient point par quels hôtes ils seraient remplacés un jour. Lorsque le prieur Evrard concluait avec sa sœur Julienne, abbesse de Farmoutiers, une convention par laquelle les religieux de Saint-Martin s'engageaient à prier pour les religieuses de Farmoutiers, et réciproquement les sœurs pour les frères, il était loin de se douter qu'il viendrait un temps où, dans l'enceinte de son prieuré, ces prières seraient remplacées par les leçons spéciales de nos plus habiles professeurs, données aux ouvriers et aux industriels qui s'y rendent en foule.

Les bâtiments du prieuré de Saint-Martin-des-Champs sont aujourd'hui le dépôt de tous les modèles, grands ou petits, des instruments que les sciences physiques et mécaniques ont inventés pour le progrès de l'industrie et des arts. Qui ne remarquera encore ici combien les grandes idées sont lentes à se réaliser? Descartes, il y a près de deux siècles, avait eu la pensée de former une telle collection publique, et c'est en 1794 seulement qu'elle est fondée : « collection qui n'aura pas d'égale en Eu-« rope, dit le rapport à la suite duquel l'é-« tablissement fut prononcé; l'histoire des « découvertes de l'esprit humain y sera « écrite par les instruments de tous les arts, « depuis l'outil du vannier jusqu'à la ma-« chine arithmétique. »

Elle est là, en effet, cette merveilleuse machine, premier monument de l'infatigable pensée de Pascal. Unique et constante méditation de trois des plus belles années de sa courte vie; la machine arithmétique renferme dans le plus étroit espace d'immenses combinaisons ; c'est ainsi que plus tard les pensées infinies de Pascal devaient se concentrer dans un petit volume immortel.

Oh! oui, les galeries du Conservatoire des arts et métiers, plus encore que celles de nos bibliothèques, sont pleines des monuments de la pensée humaine. Que d'efforts d'intelligence pour donner en quelque sorte la vie à ce bois, à cet ivoire, à ces métaux! Vaucanson le sut, Vaucanson, le magicien en mécanique, Vaucanson qui devina l'horloge comme Pascal la géométrie, Vaucanson dont les œuvres furent la première collection de ce genre, Vaucanson qui a rendu, pour sa part, un service immense à l'industrie, et qui, cependant, faillit être lapidé par les ouvriers de Lyon, pour avoir cherché à simplifier les machines!

Belle et utile transformation subie par l'antique prieuré, elle a conservé aux arts ce monument religieux. L'élégant et gracieux réfectoire est encore debout, et l'église renferme un complet assemblage d'instruments de filature et de labour. C'est toujours un hommage au Dieu que l'on priait jadis dans ce temple ; au Dieu qui a créé l'homme pour travailler, développer l'intelligence dont il lui a fait don ; au Dieu qui lui a départi de quoi se nourrir, se vêtir et rendre plus doux, par son industrie, son passage ici-bas. J'admire cette transformation du monastère, et pourtant, en errant dans ces cours, ces salles, ces galeries qui furent jadis cloîtres et cellules, je ne puis m'empêcher de chercher du regard de la pensée, la sépulture de toute la famille des Arrodes, cette famille si antique et si considérable dans la bourgeoisie de Paris, que cela équivalait à noblesse. Le chancelier de Morvilliers sur la pierre duquel se lisaient ces deux vers :

Or, gist ici son corps, dans le ciel est son âme
Que d'un soupir tranquille il rendit à son Dieu ;

Philippe de Morvilliers, où est-il ? Qu'est devenu le tombeau de Martin-le-Picard, notaire et secrétaire du roi, qui gisait entouré des effigies de ses vingt enfants, avec leurs noms inscrits au-dessous, suivant la naïveté du quinzième siècle? Où sont ses filles, Etiennette, Catherine, Jeanne, Jacquette, dont les paysannes de nos jours dédaigneraient profondément les humbles noms? Où trouverai-je, enfin, le sépulcre de Jean Postel, qui mourut dans le monastère, plus que centenaire, dit-on, après avoir voyagé dans tous les pays, su toutes les langues et les avoir enseignées dans le collége royal nouvellement ouvert alors par François Ier ? Où est l'épitaphe qui m'eût raconté comment, orphelin de bonne heure, maître d'école à treize ans, et dépouillé de tout ce qu'il possédait dans cette grande ville où il était accouru pour chercher la science, il prit le parti le plus singulier pour réparer sa pauvre fortune ; il alla en Beauce à l'époque des moissons, et glana tant et si bien qu'à la fin de la saison il put réaliser assez d'argent pour revenir à Paris, et s'élever par degrés à la position honorable qu'il se créa? Un tel exemple ne serait pas la leçon la moins utile à donner à la jeunesse.

Toutefois, il serait injuste de ne pas reconnaître qu'elle accourt avec empressement aux cours gratuits de toute nature, par lesquels on la met en état de comprendre cette collection de merveilles que contiennent les galeries. En effet, que seraient ces instruments de mécanique, cet admirable cabinet de physique, ces machines à vapeur, ces modèles de moulins, de métiers, de charrues, si des voix ne s'élevaient pour les animer et leur donner le mouvement, la vie, par le développement des principes de la physique, de la chimie, de l'agriculture, de l'économie industrielle? Rien n'est oublié de ces enseignements pratiques, et outre ces cours permanents, des cours temporaires sont, au besoin, créés pour la mise en progrès de l'élucidation des méthodes nouvelles inventées, soit en France, soit à l'étranger. Certes, en nos jours de progrès et de perfectionnement industriels, le Conservatoire des arts et métiers est l'établissement qui a le plus d'influence et d'avenir.

Allez donc y passer quelques heures soit le jeudi, soit le dimanche, et en sortant lisez les noms donnés aux petites rues qui entourent le monastère, noms dont l'ensemble est une histoire abrégée de ces lieux ; ici, rue *Henri*, rue *Philippe*, fondateurs de l'abbaye ; là, rue *Montgolfier*, rue *Vaucanson*, fondateur du Conservatoire ; lisez, et rappelez-vous les pages qui précèdent.

LE CHATEAU DE BICÊTRE.

LES CHARTREUX.

L'HOTEL DES GOBELINS.

Quand la brise est douce, le soleil chaud, la terre arrosée d'une bonne ondée printanière qui y fait germer gazons veloutés et fleurs naissantes, on se sent un besoin irrésistible de quitter les pierres de Paris pour aller marcher sur les tapis que la nature étend au moment où nous reployons les nôtres. Allons donc respirer un instant ce bon air fécond de la campagne, tout en moissonnant ou glanant le champ des souvenirs. Voici Gentilly : du haut du coteau qui le domine, il est charmant à voir, ce groupe de maisons et d'arbres, que l'art le plus exquis du paysagiste n'aurait pu mieux composer. Rien de gracieux comme ce svelte et élégant clocher revêtu d'ardoises qui s'élance au-dessus de la ligne de peupliers dont se voile le cours de la rivière de Gentilly, onde pure et limpide à sa source, lorsqu'elle se tient cachée dans la fraîche vallée de Bièvre, mais qui se trouble de plus en plus en approchant de la ville, des blanchisseries et des Gobelins. Tu approches trop de la ville, toi aussi gracieux Gentilly, dont le riant aspect a persuadé à beaucoup d'étymologistes mondains que ton nom s'expliquait par ta gentillesse; mais l'étymologiste rébarbatif de la science a mis le holà. Suivant lui, Gentilly fut ainsi appelé *Gentiliacum*, le pays des Gentils, parce que les Romains, lorsqu'ils étaient maîtres des Gaules, transplantèrent près de Paris une peuplade de prisonniers Sarmates, et par conséquent gentils ou païens; d'où il résulterait que les habitants de Gentilly descendent des Russes ou des Scythes, ce dont ils s'inquiètent certainement fort peu.

Ce qu'il y a de bien constaté, c'est l'antiquité de ce petit pays où jadis fut un château royal. Pepin-le-Bref y data plusieurs ordonnances, des conciles y furent tenus, et le célèbre saint Eloi possédait du bien dans le village de Gentilly, que les Normands, anges exterminateurs du neuvième siècle, dévastèrent de fond en comble. C'est à ces géants du Nord que l'on attribua d'énormes ossements trouvés près de la rivière dans le siècle dernier.

Que l'on tourne le regard du côté opposé à ce gentil paysage, après avoir arrêté l'œil un instant sur les jaunes et arides carrières dont les immenses roues, échelles mouvantes, tournent de toutes parts sous les pas des hommes qui en gravissent sans cesse les échelons, on voit à sa droite les vastes bâtiments de Bicêtre, château de toutes les afflictions, de toutes les misères, dont la façade, vue du côté de la ville, rappelle le magnifique déploiement du château des Tuileries ; mais avant d'avoir la forme et aussi la destination pieuse qu'il a de nos jours, le château de Bicêtre, trois fois détruit, trois fois relevé, a logé des habitants de fortunes bien diverses.

En 1250, il n'y avait là qu'une ferme, qu'une grange, ainsi que nous le fait connaître le nom de la *Grange-aux-Gueux*. Ce nom, la tradition l'a conservé, grâce probablement à une erreur populaire qui, substituant au mot *le queux*, qui signifie *cuisinier*, nom ou plutôt qualité du propriétaire, le mot *gueux*, c'est-à-dire *pauvre*, *misérable*, a cru y voir, après coup, un singulier pronostic de la destination des bâtiments de Bicêtre, devenu asile de mendiants. C'est ainsi que souvent l'on fait des prophéties avec le passé. Bicêtre, toutefois, n'existait pas encore, et ce fut seulement lorsque les Chartreux, établis par saint Louis, à Gentilly, dans la maison et sur les terres de

Pierre *Lequeux, cuisinier du roi*, eurent été transférés dans le château de Vauvert, dont nous parlerons plus bas, ce fut alors seulement que Jean, évêque de Winchester, construisit un château sur le terrain de la *Grange-aux-Queux*.

Comment un évêque de Winchester venait-il construire un château dans le voisinage de Paris? C'est ce que l'histoire n'explique pas; toutefois, il est certain que l'habitation connue d'abord sous son nom de Winchester, devint, en passant de prononciations en prononciations altérées coup sur coup, *Wuinchester, Vincestre, Vuicestre, Vicestre, Bicêtre*. Or, on ne trouve dans les annales aucunes traces de ce que fut le sort du château de l'évêque Jean, sinon qu'il fut confisqué en 1294 par Philippe-le-Bel, durant sa guerre avec les Anglais, et fut rendu à son possesseur lorsque la paix fut conclue. Il faut supposer, ou que la construction en était peu solide, ou qu'il resta inhabité, car il ne tarda pas à tomber en ruines. Jean de Berry, frère du roi Charles VI, l'ayant trouvé dans cet état en 1400, le remplaça par un château dont tous les historiens célèbrent la magnificence, et certaines chambres ornées de peintures et de mosaïques. Aussi Bicêtre prit-il le titre de château royal, avec d'autant plus de droit que Charles VI y rendit plusieurs ordonnances.

Peintures précieuses, mosaïques que l'on paierait aujourd'hui au poids de l'or, tout cela disparut en 1411, sous les mains sanglantes des bouchers et écorcheurs de la grande boucherie de Paris, conduits par Caboche, d'affreuse mémoire. Hideux instruments du meurtrier de Louis d'Orléans, Jean duc de Bourgogne, Caboche vint avec sa bande attaquer ce prince, Charles d'Orléans, le doux poëte, le fils de la victime, retranché dans le château du duc de Berry : « *N'ayant plus* (les bouchers) *en leur ville de quoi passer leur furie*, ils s'acheminèrent vers Corbeil, en rompent le pont, puis s'en retournant, *pillent et ruinent le château royal dit de Vicestre*, lequel n'a été rebâti depuis. » Ainsi s'exprime un annaliste du seizième siècle, trois cent quatrevingts ans après cette scène de dévastation. Il devait s'en passer à Bicêtre une bien plus effroyable encore, et dont nous parlerons bientôt.

La horde de Caboche n'abandonna le château que lorsqu'il fut en ruines une fois encore, et son possesseur le donna, ou plutôt donna le terrain, à l'église de Notre-Dame, à la charge de quelques processions, une, entre autres, le 1er mai, à laquelle devait assister tout le clergé, chaque prêtre ayant un rameau vert à la main, et les dalles étant jonchées d'herbes nouvelles. C'était bien là une solennité digne des plus beaux jours du printemps.

La fabrique de Notre-Dame ne fit, à ce qu'il paraît, aucun usage du don de Jean de Berry. L'historien que nous venons de citer remarque que le château n'avait pas été rebâti; et en effet, il resta le repaire pittoresque des voleurs et des hiboux; il fut redouté même comme un lieu hanté des démons et des lutins jusqu'en 1610, année où Louis XIII fit raser ces formidables décombres, et fit construire à leur place un château pour les soldats blessés. Premier hôtel des invalides que Henri IV avait d'abord recueillis dans un hospice, rue de l'Oursine, ce château prit le nom de *Commanderie de Saint-Louis*, et conserva sa destination jusqu'à l'époque où Louis XIV, développant avec sa grandeur de vues la noble institution et de son aïeul et de son père donna aux invalides le magnifique palais qu'ils habitent. Quant au château de Bicêtre, il l'annexa à la Salpêtrière, devenue le centre d'une réunion d'hôpitaux et de maisons d'asile pour la vieillesse, sous le nom d'Hôpital-Général. Il est beau et doux de voir combien alors et depuis se déploie avec largesse la charité publique en France.

Bicêtre reçut, vers cette époque, une autre sanction bien touchante; il fut quelque temps le refuge des premiers enfants-trouvés que recueillait l'admirable saint Vincent de Paule, divin et actif inspirateur de ce grand monument de charité dont nous venons de parler. Tour à tour résidence d'intrépides soldats ou de petits innocents, Bicêtre aurait dû perdre son antique renom de lieu hanté. Le démon aurait dû s'évanouir devant les anges; mais les opinions populaires ne sont pas faciles à détruire, et ces vers d'un poëte satirique du temps de Louis XIV prouvent que les fantômes et lutins des ruines du vieux *Winchester* n'étaient pas encore oubliés :

>Auguste château de Bicêtre,
>Les lutins et les loups-garoux,
>Reviennent-ils toujours chez vous
>Faire la nuit leurs diableries ?...

Du reste, la ténacité des croyances du peuple de Paris, en ce point, s'explique par une durée presque immémoriale et aussi par de singulières coïncidences de nom et de faits.

Ici, à l'appui de notre assertion, une digression et même une digression un peu longue est nécessaire, si toutefois on peut nommer digression une suite de souvenirs naturellement réveillés par l'aspect des lieux que nous apercevons du coteau de Bicêtre, où nous nous sommes placés pour voir de tous côtés, autour et devant nous.

Parlons d'abord du château de Vauvert dont le nom a été prononcé plus haut, lequel Vauvert a droit de figurer dans cet article à titre de château et de château détruit. Vauvert était en effet, au onzième siècle, une maison royale, un palais des champs bâti par le roi Robert dans une *vallée verte* (vauvert) devenue aujourd'hui la pépinière du Luxembourg, le Jardin botanique de l'École de médecine et l'allée de l'Observatoire ; mais avant de subir ces dernières métamorphoses, le fief de Vauvert en avait subi bien d'autres. On ne sait positivement par l'effet de quelle circonstance la maison de plaisance du roi Robert devint, peu de temps après sa construction, un lieu hanté des démons et des esprits malins. Une tradition qui subsistait encore il n'y a guère plus de cent ans, racontait que, dans ce lieu maudit, un horrible parricide avait été commis : qu'un vieux père était tombé sous les coups de sa fille. S'il en fut ainsi, l'absurde opinion du peuple, qui croyait aux fantômes de Vauvert, prit son point de départ dans un sentiment de haute et pure morale : c'est que le crime ne peut venir que du démon, et que les plus épouvantables revenants ce sont les remords.

Aussi les habitants du bourg Saint-Germain ou du bourg Saint-Marcel se racontaient-ils avec épouvante dans leurs veillées combien « le château de Vauvert était un lieu inaccessible et dangereux, jour et nuit abordé par les malins esprits et fantômes. » On allait même jusqu'à dépeindre le plus effroyable démon : « C'est un monstre vert, avec une grande barbe blanche, *moitié homme et moitié serpent*, armé d'une grosse massue dont il menace chacun. » Ce démon c'était sans doute la tradition du démon du parricide qui fait de l'être humain la plus épouvantable des brutes.

Après de telles conversations de veillées, le Parisien qui avait à se rendre à Issy ou à Gentilly, faisait un détour de quelques centaines de pas pour éviter le château de Vauvert. Cet édifice était donc tout-à-fait désert, et, comme nous disons, *condamné*, car on en avait muré les portes et les fenêtres. Envoyer quelqu'un *au diable Vauvert*, ou, suivant le dicton tel qu'il est aujourd'hui, *au diable au vert*, c'était l'envoyer en mission lointaine, périlleuse. La terreur populaire dura jusqu'au jour où les Chartreux établis depuis quelque temps à Gentilly, sur le coteau où est Bicêtre, apercevant devant eux le château de Vauvert, conçurent le projet de le demander à saint Louis pour s'y établir. Le roi leur fit, non sans épouvante, quelques observations; mais leur prieur, Josseran, insista, et Louis IX, ayant pris l'avis de son conseil, concéda l'hôtel de Vauvert aux Chartreux.

Le tableau de la prise de possession de cette solitude par les austères moines de saint Bruno donnera en quelques traits l'idée de la désolation où les terreurs populaires avaient laissé le redoutable manoir. « Ils envoyèrent, dit Dom Dubreul, historien très exact de Paris, ils envoyèrent quelques-uns de leurs gens décombrer (déblayer) les avenues des parcs et ouvrir les chemins à l'entour de ladite maison, qui étaient clos de murs, et pareillement faire ouverture de ladite maison dont les portes et les fenêtres étaient murées. » Quelle peinture plus complète pourrait-on tracer de l'abandon d'un lieu maudit !

Trois jours, trois nuits se passèrent ensuite en prières, et alors se répandit dans Paris stupéfait la nouvelle que les fantômes et les mauvais esprits avaient disparu devant la religion, ce qui fit que de tous les coins de la ville et de l'Ile-de-France, on accourait visiter les Chartreux. Ces sévères reclus avaient quitté Gentilly et demandé Vauvert, parce qu'ils espéraient trouver dans ce lieu redouté une solitude conforme à leurs statuts ; mais ils s'y virent visités par de telles foules qu'ils songèrent un instant à aller autre part chercher le désert. Ils restèrent là cependant, et bientôt un édifice imposant et sombre remplaça le château hanté, mais sans détruire entièrement les superstitions du peuple : puis, lorsqu'en 1350, les bourgeois de Paris furent admis à visiter, dans le cloître, les peintures de la vie de saint Bruno et entre autres, le tableau du chanoine Diocres sortant à demi de son cercueil pendant que l'on chantait sur lui l'office des morts, ils durent certainement retrouver toute vivante la tradition des épouvantements de l'hôtel Vauvert.

C'est vers cette époque que la rue de Vauvert devint la rue *d'Enfer*, et cette appellation est une nouvelle preuve de la préoccupation des Parisiens. Une singulière coïncidence vint y ajouter encore. Au commencement du quinzième siècle, une famille de Reims, célèbre pour la teinture, s'établit dans le bourg Saint-Marcel, à la proximité de la rivière de Bièvre dont l'eau a des qualités reconnues pour la teinture des étoffes. Le chef de cette famille, Jean Gobelin, y acquit une grande fortune, et Gilles Gobelin, un de ses héritiers, bâtit sur les bords de la Bièvre une maison de plaisance nommée *Folie Gobelin*. Le mot *folie* signifiait que cette habitation était fastueuse, mais toutefois sans que l'utile fût sacrifié à l'agréable, et Gilles Gobelin continua, sous François Ier, à teindre admirablement l'écarlate dans ce lieu qui devint, sous Louis XIV, la magnifique manufacture des Gobelins.

Or, savez-vous ce que signifiait *gobelin* dans la langue de nos pères? Ce mot voulait dire *fantôme*, *lutin*, *revenant*, et ce mot, les Anglais l'ont conservé dans cette acception après l'avoir reçu des Normands. Le nom de *Gobelin* fut certainement un sobriquet donné autrefois à la famille du célèbre teinturier de Reims, car, dans l'origine, presque tous les noms sont des sobriquets, et les bons Rémois qui, dans un moment de jovialité, surnommèrent *Gobelin*, Jean, Pierre ou Gilles, ne se doutaient pas qu'ils créaient, pour le peuple de Paris, un nouvel aliment de superstition, et de terreur, aussi : l'affreuse marquise de Brinvilliers, ce démon de l'empoisonnement et du parricide, portait le nom de *Gobelin*.

Après les détails précédents, qui s'étonnerait de la mauvaise réputation dont fut frappée chez nos crédules ancêtres tout ce côté de Paris? Les carrières creusées aux environs du bourg Saint-Marcel, de Vauvert et de Bicêtre, contribuèrent pour leur part à cette méchante renommée, car on sait quel sentiment d'effroi inspirait aux hommes les travaux souterrains, et la vie dans l'ombre, dans les ténèbres, loin du soleil, la vie des mineurs chez lesquels le moyen-âge a vu les gnomes, et les *co-*

bolls ou *gobolts*, esprits malins dont le nom allemand ressemble à notre *gobelin*.

Ce long voyage terminé, revenons à Bicêtre, d'où la charité chassa les loups-garous, de même que la religion avait expulsé de Vauvert les mauvais esprits. Toutefois, si le séjour de Bicêtre ne causait plus au peuple une terreur superstitieuse, cependant, durant le siècle dernier et au commencement du nôtre, le seul nom de ce séjour soulevait chez les hommes les plus malheureux et les plus pauvres un profond sentiment de répulsion ; c'est que là, auprès des malades, des vieillards, des *bons pauvres*, se trouvaient les criminels condamnés aux galères, à l'échafaud même, et il était de certains jours lugubres où les portes s'ouvraient pour envoyer ces misérables à la mort. Voilà ce qui faisait planer sur Bicêtre quelque chose de sinistre, et l'horreur qu'inspirait l'association des infortunes causées par la maladie ou l'impuissante vieillesse et des infortunes méritées, cette horreur bien naturelle avait pour résultat que beaucoup de pauvres aimaient mieux mourir de dénûment dans leur galetas que vivre près de voleurs ou d'assassins.

Ils n'ont plus cela à craindre aujourd'hui ; Bicêtre n'est plus que l'asile pieux des vieillards pauvres à qui l'âge ou les infirmités interdisent un travail suffisant pour les faire vivre. Bicêtre s'est tout-à-fait épuré ; des bâtiments nouveaux, de vastes plantations d'arbres permettent à l'air et à un air salubre de circuler abondamment au milieu de sa nombreuse population, dont beaucoup de villes du dernier ordre n'atteignent pas le chiffre.

Il y a aussi, dans cet hospice de la vieillesse et de la pauvreté, une place pour des êtres bien plus malheureux encore que les plus dénués des mendiants, les pauvres êtres frappés de folie. La folie! Dans quelle plus grande détresse, dans quelle décrépitude plus profonde peut en effet tomber l'homme, la créature élue entre les créatures, la créature douée de raison? La démence est une chose si affreuse qu'elle inspire de la compassion, même lorsqu'elle est le résultat d'un désordre quelconque qui, de la vie matérielle, a retenti dans la vie intellectuelle, la vie de l'esprit et de l'âme. Cette commisération que doit-elle donc être pour une démence causée par un de ces coups imprévus qui nous frappent au cœur, et, comme un éclair trop vif, nous aveuglent sans retour?

On m'a raconté (et je ne répète cette touchante histoire qu'avec défiance, car je n'ai pu en constater en tout point l'exactitude), on m'a raconté que dans les premières années de ce siècle, mourut à Bicêtre parmi les insensés, un homme dont les longs cheveux blancs, la barbe blanche, éparse, les rides profondes et le dos voûté, semblaient attester l'extrême vieillesse Il n'en était pourtant point ainsi; il comptait cinquante ans à peine. Sa folie consistait à chercher, à chercher de toute part autour de lui, le jour, dans la promenade, la nuit, autour de son lit, dans l'ombre, à chercher sans cesse, sans repos, en poussant des soupirs, en laissant de temps à autre échapper des petits cris inarticulés, à chercher de la main, du regard, de l'œil le plus désolé !

Que cherchait-il ?

N'ayant plus dans la ville de quoi passer leur furie les bouchers pillent et ruinent le château de Vicestre. Cette phrase, d'un annaliste de Paris, que j'ai rapportée plus haut à propos de l'attaque faite en 1411 sur le château de Jean de Berry, par les bouchers et écorcheurs, revient ici tout naturellement à l'occasion de l'effroyable visite que firent à Bicêtre, le 3 septembre 1792, les massacreurs des prisons de Paris. Le matin de cette sinistre journée, on vit arriver une foule armée de sabres, de haches, de crocs, de massues, armes dignes de la troupe de Caboche, et bientôt un tribunal de sang s'étant organisé à la porte de la prison de Bicêtre, l'égorgement, terminé à Paris, commença dans ce lieu voué à la charité publique. Cent soixante-trois mendiants, enfermés pour vagabondage, périrent sous les coups des septembriseurs. Des mendiants! des hommes étrangers à tout parti politique! et ce qu'il y eut de plus affreux encore, les odieux assassins mirent à mort trente-trois enfants, d'entre ceux que les familles faisaient placer à la *correction*, de même qu'on en renferme aujourd'hui dans la prison des jeunes détenus, afin de corriger des inclinations vicieuses.

Le bruit de ces atrocités se répandit bientôt, et dès le lendemain on vit accourir, pâle et hors d'haleine, un homme en costume de garde national. Revêtu de cet uniforme, il peut franchir les portes de Bicêtre; tout aussitôt il se précipite droit vers la partie du vaste édifice où se trouvait la *correction*. Les lugubres débris de la veille étaient là, encore gisant; là, au doux soleil d'automne, là trente-trois cadavres d'enfants!

« Mon fils! s'écria le malheureux en se jetant sur l'un de ces cadavres, puis tombant à la renverse : mon enfant ! » s'écria-t-il. Il sembla qu'il eût été frappé d'un coup de foudre.

Pendant ce long évanouissement qui suivit, on fit disparaître ces restes, et le pauvre père revint enfin à lui, sinon à la raison.

« Mon enfant ! mon enfant ! où est-il ? je veux l'emmener d'ici... où est-il ? »

Et d'un œil enflammé, il regardait la terre, les murs, les arbres, le ciel même... Errant comme un frénétique, les bras étendus comme pour saisir quelque chose :

« Mon enfant ! mon fils !... viens... je ne veux plus te laisser ici, et je ne veux plus que tu sois loin de moi... viens !... »

Et quand ses mains n'étreignaient que le vide, il se remettait à chercher, à appeler, à chercher avec plus d'ardeur encore. Le malheureux fou venait de commencer pour dix longues années cette recherche infatigable ; de nuit, de jour, recherche insatiable, toujours vaine, renouvelée toujours, recherche délirante, passionnée comme l'espoir jusqu'au jour où il eut un moment lucide, et, soudain, il tomba mort.

Pour essayer de détourner ma pensée de la sinistre catastrophe, je reposais un instant mon regard sur les arbres en fleur et les jardins de Gentilly, puis, apercevant devant moi, à travers la ligne de peupliers de la Bièvre, l'hôtel des Gobelins, je me rappelai, comme un souvenir consolant, la belle épitaphe que l'on lisait autrefois sur le tombeau d'un des fondateurs de cette maison :

> Ici gist Gobelin, ains son corps seulement,
> Car son esprit heureux est ore au firmament,
> Bien que la mort l'ait pris en la fleur de son âge.
> Si a-t-il accompli ce que Dieu veut de nous,
> L'aimant de tout son cœur et bienfaisant à tous :
> Peut-on d'un plus long vivre attendre davantage ?

Ce doux, ce complet éloge d'un homme honnête et bienfaisant, fit, comme un charme, disparaître toute lugubre image, et je ne vis plus que la paix et la charité, ces deux anges, planer sur le pieux hospice de Bicêtre.

SAINT-JACQUES-LA-BOUCHERIE.
LE CHATELET.

Si la campagne a ses vastes ou riants paysages, ses hautes futaies sombres, ses vertes prairies étendues au soleil, ses calmes rivières serpentant entre les saules et les peupliers, la ville a bien aussi ses paysages doux et imposants. Or, entre tous, celui dont l'on jouit du milieu du pont des Arts est, suivant moi, le plus merveilleux tableau : la Seine qui coule à pleins bords, le Pont-Neuf, dont les deux bras s'étendent sur le double lit du fleuve qui étreint l'île, le berceau du Parisien, et ce berceau de tant de générations, chargé, ainsi que l'un et l'autre quai, de maisons neuves ou vieilles, de récents ou d'antiques édifices. Paysage magnifique de la vieille ville, il a ses peupliers qui s'élancent dans les airs ; les clochers, les toits aigus des tourelles : il a les chênes séculaires, les hautes futaies ; les tours massives et sombres, d'où sortent les chants graves et mélodieux des cloches qui prient le Seigneur, de même que s'élèvent vers le ciel les hymnes des oiseaux nichés dans les peupliers, les hêtres et les chênes.

Un matin, je contemplais ce paysage vivifié par les rayons du plus beau soleil, et la mémoire n'éprouvait pas de moins douces jouissances que le regard devant cette vue qui éveille tant de souvenirs. Je me plaisais à aller aussi loin que possible dans le passé, laissant faire ceux qui courent si vite, si vite vers un avenir d'ambition, de gloire, de bonheur, avenir qu'ils ne sont guère sûrs d'atteindre, et, par la pensée, je rendais l'île de la Cité à la fraîche et riche verdure qu'elle devait avoir il y a deux ou trois mille ans, baignée par le fleuve qui la tenait embrassée ; puis, au-dessus des maisons que je voyais construire, s'élevait Notre-Dame, le palais de saint Louis, dix églises, aujourd'hui détruites, qui se pressaient comme des pieuses filles autour de leur mère ; puis, traversant à droite le Petit-Pont, je contemplais la masse noire du petit Châtelet ; à gauche, le grand pont, et tout à coup le grand Châtelet, non moins massif et sombre que le petit, m'apparaissait en avant d'une antique église au-dessus de laquelle s'élançait une tour haute, élégante, hardie. La tour seule est restée debout, mais muette : pourquoi ce clocher aurait-il aujourd'hui ses voix sonores puisque l'église est tombée ? Monument magnifique, il n'en est pas moins une ruine ; il est orphelin, et plus bas nous verrons quelle est sa destinée ou sa destination actuelle.

Si jamais nous avons exécuté fidèlement la promesse de ne nous occuper que des monuments détruits ou appliqués à un usage tout différent de leur vocation première, ce sera certes bien dans cet article où nous parlerons d'une église qui n'est plus, de Saint-Jacques-la-Boucherie, et d'un château qui est allé où est allée l'église, du Châtelet, ce diminutif du vieux mot *Châtel*, employé aujourd'hui par les seuls fabricateurs de romances ou romans moyen-âge. Tombés à peu près à la même époque sous les coups des démolisseurs, Saint-Jacques et le Châtelet n'avaient pas une même date de naissance. Le Châtelet était le premier né. Parlons donc de lui d'abord ; respect à la vieillesse.

Le Châtelet était la petite forteresse construite par les Romains pour défendre l'entrée du grand pont à l'époque où l'enceinte de la Cité suffisait au Paris naissant. Une inscription, que l'on lisait encore dans le siècle dernier, au-dessus d'une des portes du Châtelet : *Tributum Cæsaris* (le tribut de César), prouve que là se percevaient les impôts au nom du peuple romain. Une *Chambre de César* existait aussi dans le

Châtelet. Faut-il conclure de ce fait que le Grand César, celui que nous connaissons, ait habité ces vénérables murailles, ou devons-nous penser qu'elles ont été élevées par un de ses successeurs au surnom de César, surnom impérial conservé jusqu'à nos jours dans le mot *kaiser,* qui signifie *empereur* en allemand. Quels monuments durables ce sont que les mots!

Le grand Châtelet était ceint de fossés profonds dans lesquels la Seine versait sans cesse une eau courante qui, dans le neuvième siècle, à l'époque du siége de Paris par les Normands, porta au fleuve le sang des malheureux que les barbares entassèrent dans les fossés. Ils espéraient arriver par cet horrible pont aux murailles de la ville ; mais après dix mois d'attaque les Normands furent contraints de se retirer devant la vaillance de nos ancêtres Quel intérêt profond n'a point le souvenir de ces scènes de désolation et de mort, lorsque, sur le lieu même où elles se passèrent il y a mille ans environ, on voit un quai magnifique, planté d'arbres verdoyants, et que là où fut le pont de bois nommé le *Grand-Pont*, pont fragile plus d'une fois détruit par les inondations et les incendies, s'étend le pont au Change, commencé sous Louis XIII et achevé sous Louis XIV enfant.

C'était cependant une chose pittoresque que ces rues, chargées de maisons, suspendues au-dessus du cours du fleuve, et nous ne sommes pas des premiers à émettre cette opinion. Un écrivain, dirai-je un poëte du seizième siècle, décrivant les beautés de Paris, nous a laissé les vers suivants, qui auront du moins le mérite d'égayer par leur étrangeté ce grave article.

. . . . . En ce que plus j'admire
Sont les ponts, cinq en nombre, et tellement dressés
Qu'on y voit des maisons les fondements haussés,
Et le tout si bien fait qu'on jugerait à peine
Que ce fussent des ponts *qui dessous* fut la Seine,
N'était que l'on le sait ; car les rangs des logis,
Les places, les maisons s'y voyent vis-à-vis,
Tout ainsi disposés en même rang et terme
Qu'on bâtit les maisons en pleine terre ferme.

Il est à supposer toutefois que l'auteur de ces vers, Etienne de Knobelsdorff, et le nom est à peu près aussi mélodieux que l'œuvre, admirerait davantage encore les quais et les ponts d'aujourd'hui.

Et pourtant le vieux pont au Change, ainsi nommé parce que les changeurs l'habitaient avec le privilége exorbitant, à eux concédé par Louis VII, d'exercer seuls cette lucrative profession, le vieux pont au Change devait avoir quelquefois de bien magnifiques spectacles, soit quand Louis IX sortait de son palais et traversait le pont pour venir en personne rendre la justice sous un dais tendu pour lui dans une salle du grand Châtelet, soit quand un roi ou une reine allait en grand cortége à Notre-Dame, lors d'une entrée solennelle. Alors, comme en 1389, à l'entrée d'Isabeau de Bavière, le pont était couvert d'une tenture de taffetas azur semé de fleurs de lys d'or, et du milieu de ce ciel royal descendait un homme sous forme d'Ange, venu au moyen d'une machine merveilleuse, du haut des tours Notre-Dame; il mettait sur la tête de la reine une couronne d'or et remontait jusqu'aux tours par le même chemin, en même temps que deux cents douzaines d'oiseaux prenaient en gazouillant leur volée vers l'ondoyante voûte bleue qui voilait le pont. Quel charmant spectacle ce devait être! Quel symbole gracieux et touchant que cette délivrance de pauvres captifs le jour où l'entrée d'une reine devait porter bonheur! et le bonheur des oiseaux comme des hommes, c'est la faculté de respirer l'air pur et de vivre en liberté.

Et ce riant emblème nous le retrouvons pratiqué le jour de la Pentecôte dans la sombre église de Saint-Jacques-la-Boucherie. Lorsqu'on chantait l'hymne *Veni Creator*, une colombe blanche était lancée du haut des voûtes, et en même temps se répandaient dans la nef des petits oiseaux que délivraient de pieuses mains. Au quatorzième siècle l'église de Saint-Jacques avait acquis presque toute l'étendue qu'elle avait lorsqu'elle tomba à la fin du siècle dernier; mais ces progrès furent lents, car elle se forma successivement des chapelles que chaque génération y ajoutait, réalisant ainsi un vœu, une prière, une action de grâces : voilà pourquoi l'église de Saint-Jacques-la-Boucherie avait la même irrégularité que le palais de Fontainebleau ; le palais construit par des rois de diverses époques, l'église édifiée à divers temps par les fidèles du quartier.

Parmi ces fidèles on trouve au premier rang un homme fameux, l'écrivain Nicolas Flamel, qui gagna tant d'argent dans sa profession que la foule pauvre et curieuse qui l'entourait le proclama alchimiste heureux, et puissant possesseur du secret de la pierre philosophale. Son véritable secret, je le crois, fut l'amour du travail, l'ordre et l'économie qui opèrent mieux que tout au monde la transformation du cuivre en or. On rapporte cependant que lors des fouilles plusieurs fois tentées par la cupidité sur les lieux qu'il habita, on trouva des limes, des fragments de métaux, des fioles, des matras, des creusets et tout l'attirail métallurgique. Les chercheurs, possédés d'une idée fixe et par conséquent aveuglés soit par la passion de l'or, soit par une autre passion, une ferme croyance dans le savoir de Flamel en alchimie ; les chercheurs y virent-ils bien clair ? La tradition de cette découverte ne doit-elle pas être reléguée avec les sinistres légendes qui faisaient de la maison de Nicolas Flamel, rue de Marivaux, au coin de la rue des Ecrivains, la terreur du quartier, le lieu des apparitions, rendez-vous nocturne où les démons affluaient avec longs hurlements et grands bruits de chaînes ? Je le pense, et je ne connais de traces certaines des richesses de Flamel, que les actes nombreux qui attestent l'honorable emploi qu'il fit d'une fortune acquise par lui et sa femme *à grand' peines et travaux*. Secours aux pauvres clercs, aux étudiants malheureux, rentes aux hospices, aux quinze-vingts surtout, et vaste maison d'aumônes ouverte aux indigents et aux pèlerins sans asile ; voici quels beaux vestiges a laissés la fortune de l'écrivain-juré de l'Université.

Près de Nicolas Flamel, comme bienfaiteur de l'église, figure un nommé Gilles Alain, qui céda à la fabrique certain droit sur sa propriété tout-à-fait contiguë à Saint-Jacques, moyennant la faveur d'avoir un jour étroit ouvert dans les *verrières* ou vitraux du chœur. Par cette ouverture, dont la largeur et la longueur étaient également de deux doigts, il pouvait sans cesse voir l'autel, la lampe du chœur et les chapelles éclairées par le soleil teint de vives couleurs de vitraux ou par la pâle lueur de la lune. C'était là le prie-Dieu d'Alain, de sa femme Jacqueline et de Thibergeau, le beau-frère d'Alain, car Thibergeau n'avait jamais voulu se séparer de sa sœur qui l'aimait tendrement et qui était non moins aimé d'elle. Gilles Alain, quoique jeune encore, avait acquis une fortune suffisante dans une riche boutique d'orfévrerie qu'il tenait rue du Porche, cette même rue qui aujourd'hui, sous le nom de rue du Petit-Crucifix, ne contient que quelques misérables recoins encombrés de haillons.

Quant à Thibergeau, il était fermier ou sous-fermier des aides, et son frère, sa sœur auraient bien voulu le voir renoncer à cette profession qui était, pour le paisible ménage, une cause incessante de trouble et de tourment. Depuis longtemps déjà le peuple murmurait contre les impôts dont les accablait le régent, gouvernant au nom de Charles VI, et plusieurs fois Jacqueline, en passant dans la rue des Arcis ou des Lombards, avait entendu avec terreur des paroles menaçantes pour les percepteurs des tailles et les fermiers des aides. Alors, et lorsqu'elle rentrait, elle témoignait ses craintes à Thibergeau ; lui disant que la plus grande preuve d'amitié qu'il pourrait lui donner ce serait de renoncer à son périlleux office, et il lui promettait alors de ne pas renouveler le traité qui le tenait engagé jusqu'à la fin de l'année 1383.

Enfin, à cette époque, la famille devait donc jouir d'une paix parfaite et d'un bonheur sans mélange, suivant les douces espérances de Jacqueline; mais la pieuse femme n'avait pas songé aux épreuves auxquelles il faut s'attendre ici-bas, et force lui fut bien d'en sentir les atteintes lorsqu'elle vit son mari Alain, saisi d'un mal subit, tomber de jour en jour vers la tombe dans laquelle un jour il disparut. Pauvre femme! elle voulut assister à la messe mortuaire célébrée autour du corps de son mari, et à genoux devant l'étroite fenêtre ouverte sur l'église, elle resta en prière toute la nuit qui suivit cette journée de deuil.

Thibergeau ne la quitta pas d'un instant pendant cette veille sinistre, et bien des jours se passèrent avant qu'il parvînt à la consoler un peu. Cependant elle aimait tant son frère, et son frère l'aimait tant, que son cœur comprit enfin qu'il avait où se reposer en toute confiance, et Jacqueline redoubla d'amitié pour Thibergeau. Quel fut donc son effroi lorsqu'un jour elle entendit autour de l'église, dans la rue du Porche, dans la rue des Arcis, un bruit inaccoutumé. C'était la rumeur qui précède l'orage populaire. Un impôt d'un vingtième à prélever sur chaque denrée, venait d'être ordonné par le duc d'Anjou, et devait être perçu le matin même.

Jacqueline, qui se tenait étrangère aux nouvelles de la ville, ne savait rien de ce projet; elle ne l'apprit que par son menaçant résultat, et Thibergeau, fermier des aides, chargé de recueillir cette taxe extraordinaire, Thibergeau était sorti! on peut donc concevoir les angoisses de la sœur. La sédition, commencée au marché des Halles, se propageait avec la rapidité de l'éclair : en effet, la foudre n'était pas loin. Déjà les gens des marchés avaient assailli le Châtelet, et après avoir délivré les prisonniers les plus coupables, car c'est ainsi que procède tout soulèvement qui lâche la bride aux passions criminelles, ils couraient vers l'Hôtel-de-Ville, et là, renversant et brisant tout obstacle, s'étaient emparés d'armes horribles, de maillets de plomb qui les firent surnommer *maillotins*.

Ainsi armés, ils allaient pillant, dévastant, assommant les gens riches, les changeurs de la rue des Lombards et les collecteurs ou fermiers des aides qu'ils rencontraient. Pendant ce tumulte, Jacqueline, au comble de l'épouvante, car elle n'avait pas entendu parler de Thibergeau, Jacqueline était à genoux, en prière, devant le vitrail qui lui permettait de voir dans l'église, église calme, au milieu de ces agitations, comme la Divinité au-dessus des mesquines passions de ce monde. Les mains jointes, elle suppliait avec ferveur la Vierge, dont elle apercevait au loin, sur son autel, la statue vêtue de blanc, lorsqu'un grand et retentissant fracas la fit tressaillir. Un portail de l'église venait d'être enfoncé, et comme un torrent qui a rompu sa digue, la foule se précipitait dans la nef en poussant d'horribles blasphèmes dont la veille elle se serait sans doute crue bien incapable, tant est grand l'égarement que jette la colère dans les âmes !

Mais en avant de cette foule furieuse fuyait avec désespoir un homme, un homme ensanglanté, en lambeaux, tant il avait été serré de près par ceux qui le poursuivaient. Egaré, haletant, la tête perdue, il allait se jeter à genoux au milieu de ces frénétiques, lorsqu'un dernier mouvement de conservation l'ayant saisi, il s'élance sur l'autel de la Vierge, et tenant embrassé la sainte statue, il se croyait bien en sûreté.

Et ce malheureux fugitif, c'était Thibergeau ; Jacqueline l'avait reconnu, et, comble d'horreur ! elle vit un des révoltés bondir, un poignard à la main, sur l'autel de la Vierge.

« Ah ! mon frère ! mon frère ! Arrêtez !...

s'écria en ce moment Jacqueline d'une voix perçante, « Arrêtez ! » Ce cri descendant de la voûte au milieu des forcenés maillotins les terrifia, comme une voix divine venant d'en haut, et le meurtrier ne fut pas le dernier à prendre la fuite ; mais Thibergeau était mort.

Et la chapelle où se passa cette terrible scène, qu'est-elle devenue ? Ce que sont devenus les yeux qui furent témoins d'une telle profanation, ce qu'est devenu l'antique clocher, contemporain de l'église, que remplaça en 1525, sous François Ier, la tour carrée sous laquelle s'étend tout le quartier Saint-Jacques-la-Boucherie. Que de fois, lorsque je contemplais ce haut édifice et les animaux symboliques qui des quatre coins de la plate-forme de la tour semblent, comme dit Victor Hugo, *donner à deviner au nouveau Paris l'énigme de l'ancien ;* combien de fois, m'élançant entre ces quatre sphinx, les ai-je interrogés sur les spectacles dont ils furent les témoins depuis que le *tail-*

leur d'images les créa et les posa sur leur trône de granit, moyennant la somme de *vingt livres !*

Suivez-moi, lecteur, dans une de ces excursions au sommet de la tour de Saint-Jacques, d'où, suivant l'expression de Sauval fidèle historien de la ville de Paris, *on voit la distribution et le cours des rues comme les veines dans le corps humain.* A vos pieds, là, tout cet espace qui forme aujourd'hui une place ou que couvrent des échoppes de fripiers, était occupé par l'église ou chapelle et ses charniers, lieu de sépulture consacré en même temps à l'administration du sacrement de l'Eucharistie, sublime alliance de la Sainte-Table et du tombeau d'où l'âme s'élance également vers le ciel !

Quel magnifique aspect on a de ce point culminant ! ainsi élevé au-dessus de l'époque contemporaine, on voit au loin, en avant, en arrière dans l'histoire de la ville. Le grand et le petit Châtelet que l'on cher-

cherait vainement si l'on était au pied de la tour et rentré dans notre temps actuel, nous apparaissent massifs et sombres, et nous montrent leurs noires tourelles semblables à celles que la Conciergerie et la Préfecture de police conservent enchâssées dans leurs blanches murailles. Alors vivant dans le passé, nous évoquons les mélodieuses voix des cloches de la tour Saint-Jacques, qui ne sont plus que dans nos souvenirs. *Leur carillon fort musical* retentit doucement à notre oreille, et nous voyons sortir de l'église, ressuscitée par cette pieuse magie, la procession des prêtres et des chantres couronnés de fleurs, qui promènent à pas lents les reliques de Saint-Jacques dans les rues de la Heaumerie et de la vieille-Monnaie, tendues et jonchées comme pour la Fête-Dieu. Christophe, Marie, Gabrielle, Jeanne, Miséricorde, ces cinq mélopdieuses filles du clocher de Saint-Jacques la-Boucherie, font doucement frémir sous nos pieds l'esplanade, et nous bénissons la toute-puissance de la mémoire, et nous demandons à Miséricorde si elle n'a pas quelquefois sonné bien tristement, soit lorsque la Ligue, dont le curé Julien Le Pelletier était un ardent fauteur, troublait la cité au nom de la religion, soit lorsque s'allumait un menaçant incendie au milieu des maisons de bois du quartier ou du pont.

Quelle voix lamentable tu devais faire entendre, douce et tendre Miséricorde, un soir du mois d'avril de l'année 1718 ! Sonne encore à mon oreille et rappelle-moi cette triste histoire. Une malheureuse femme, toute jeune et restée veuve avec un enfant unique, un garçon de six ans, était, le matin de ce jour de mémoire sinistre, à laver à la rivière son linge et celui de quelques pratiques ; son fils jouait à côté d'elle sur le sable de la grève, et fidèle à l'instinct de tous les enfants, il s'amusait à en former des monticules, et pour en avoir davantage avançait ses petites mains jusque dans l'eau. Il était donc penché en avant, et sa mère, bien négligente sans doute, mais elle en fut cruellement punie, causait pendant ce temps avec des camarades de travail, lorsqu'un grand coche vint à passer, imprima au courant un remoux assez fort et une lame emporta l'enfant!

« Mon enfant! mon enfant! » s'écria la pauvre mère, et ses cris furent étouffés par l'eau dans laquelle elle s'était élancée toute vêtue, sans hésiter un instant, sans savoir nager; mais son enfant ne se noyait-il pas? qu'avait-elle à craindre? Elle avait donc disparu ainsi que lui sous les flots. Les mariniers se jetèrent à la rivière et parvinrent à retirer la mère évanouie, mais ce fut en vain qu'ils cherchèrent l'enfant.

« Où est-il? où est-il? où est-il? » Telles furent les paroles qui se précipitèrent sur les lèvres de la mère revenue à elle au bout d'une demi-heure. Alors promenant ses yeux hagards, et, ne le voyant pas : « Où est-il? » redit-elle avec angoisse, et elle se serait de nouveau jetée dans le fleuve si l'on ne l'eût violemment retenue. Enfin, lorsqu'au bout de plusieurs heures, on eût réussi à pouvoir lui faire entendre quelques mots et qu'elle apprit qu'on n'avait pu même trouver le corps de son enfant :

« Oh ! je veux l'avoir ! je veux l'avoir ! je l'aurai ; il faut que je sache où aller passer mes journées près de lui, et prier pour lui, ou plutôt lui demander de prier pour moi. Oh ! je veux lui faire un tombeau, il y sera dans un linceul fait de ses petits draps où il jouait, dans un cercueil fait de son berceau. » Et la pauvre mère ne cessa de dire des propos insensés, délirants, tendres, jusqu'à ce qu'une voisine se fût approchée d'elle, en lui promettant qu'elle savait comment lui faire trouver son enfant.

Comme la mère éplorée se dressa d'un bond et se jeta au cou de sa voisine, on peut se le représenter. Le fait est qu'elles se rendirent ensemble à Saint-Jacques-la-Boucherie ; il était quatre heures et demie alors, et à l'approche de la nuit, la mère ayant acheté un petit cierge qui brûlait avec beaucoup d'autres, devant l'autel de saint Nicolas, elle remonta les bords de la Seine jusqu'à la hauteur du pont de la Tournelle, car c'était là que s'était noyé son fils, et, alors, allumant le cierge, elle le ficha dans une écuelle de bois qu'elle lança sur le fleuve, bien convaincue, dans sa superstition tendre, que là où cette écuelle s'arrêterait, là était son enfant; et après avoir mis à flot le petit esquif, elle se mit en marche se guidant sur cette douce clarté qui glissait au fil de l'eau, et ne cessant de murmurer des prières à la Vierge.

Il était tout-à-fait nuit alors. Sept heures et demie venaient de sonner successivement au Louvre, à l'Hôtel-de-Ville, au Palais, à Saint-Séverin, à Saint-Jacques la Boucherie, et le carillon de la Samaritaine terminait le cours de cette sonnerie assez peu simultanée, il faut en convenir. Les habitants du Petit-Pont étaient dans la paix la plus complète ; les boutiquiers, attendant, pour fermer, que huit heures sonnassent, jouaient leur partie de piquet dans les arrière-boutiques; les bons bourgeois terminaient leur souper, et de pieuses paroissiennes de Saint-Séverin disaient leurs prières à genoux près du chevet du lit tout ouvert pour les recevoir. On n'entendait pas un bruit ni le grondement d'une voiture sur le pont, ni un pas de cheval, ni même un pas d'homme, lorsque tout à coup un cri s'élève de toute part :

« Au feu ! au feu ! »

Les cloches sonnaient le tocsin, et la foule accourait à grand fracas.

« Au feu ! au feu ! »

C'était ce calme Petit-Pont, que nous avons vu tout à l'heure si bien disposé à s'endormir et à se reposer dans un calme sommeil, c'était le Petit-Pont qui était déjà consumé à demi ; car le service des pompes, tout nouveau à cette époque, était loin de la perfection qu'il a de nos jours. Deux bateaux chargés de foin enflammé, s'arrêtant sous ses arches, avaient allumé un effroyable incendie qui dévora le pont, les maisons et leurs paisibles habitants.

Et comment ces bateaux avaient-ils pris feu? On dit qu'ils furent abordés par la flottante écuelle où brûlait toujours le cierge de la pauvre mère, et que le fatal embrasement fut le résultat d'une folle mais bien touchante superstition.

Et pendant que nous nous livrons à ces réminiscences au sommet de la tour, en face du Petit-Pont, aujourd'hui si vivant, ne voilà-t-il pas un autre incendie près de nous, sur la terrasse même?

Oh! cet incendie n'est pas dangereux; il a été allumé exprès. Là, dans cette disgracieuse baraque de plâtre qui couronne le bel édifice, et où est établie une fabrique de plomb de chasse, voyez cette large chaudière où s'étend, comme une eau stagnante, une livide nappe de plomb fondu : si on le versait en ce moment il coulerait en masse lourde et compacte; mais il faut qu'il se divise en gouttes rondes qui feront autant de petites balles destinées à tuer les innocents animaux des bois, et pour obtenir ce résultat, il suffit de mélanger avec le métal en fusion une certaine dose d'arsenic. Ici il y a dans le procédé industriel un fait moral remarquable ; l'instrument de mort est engendré par un instrument de mort.

Mais descendons de la plate-forme par le chemin que nous aurions dû prendre pour y monter : trois cents douze marches forment ce chemin pittoresque qui tourne sans cesse soit dans la plus profonde obscurité, soit dans un demi-jour magique, un rayon de soleil jouant à travers les ténèbres et qui pénètre jusque dans l'intérieur de la tour où la lumière produit de merveilleux effets de clair et d'ombre. Autrefois ce magnifique clocher était divisé en deux étages ; mais aujourd'hui, du sommet à la base, la tour ne forme qu'un tube énorme, obscur, où le jour entre par des ouvertures irrégulières et inégales.

C'est l'industrie qui l'a fait ainsi, car il faut que le plomb granulé par le mélange d'arsenic que nous savons, prenne quelque consistance avant de tomber dans la vaste cuve d'eau qui l'attend au fond de la tour, ou plutôt du puits que forme aujourd'hui le clocher de Saint-Jacques-la-Boucherie.

Nous voici en bas, regardez cette pluie de plomb dont les gouttes, tantôt éclairées par un rayon de soleil, tantôt perdues dans les ténèbres, s'arrondissent et se consolident pendant le trajet qu'elles font à travers le vide. Quelques jours ne se seront pas écoulés avant que bien des gracieuses perdrix n'aient été frappées par ce petit plomb que l'homme a nommé *dragée* avec une ironie cruelle.

Et, en sortant de la tour, n'avez-vous pas senti sous vos pieds des inégalités dans le sol? ce sont des vestiges des jours de la révolution. A l'époque où l'on battait monnaie avec le métal des cloches, celles de Saint-Jacques-la-Boucherie ne pouvaient être oubliées; Marie, Christophe, Gabrielle, Jeanne, Miséricorde et leurs sept compagnes, pouvaient faire une notable masse de gros sous ; mais descendre ces cloches de leur haute cage eût été un travail un peu rude : c'est pourquoi les approvisionneurs de la monnaie trouvèrent bon de les laisser tomber, et elles enfoncèrent les dalles en poussant un cri profond et plaintif, une sinistre clameur d'adieu.

LE CHATEAU DE CLISSON.

L'ABBAYE DE FONTEVRAULT.

Dans le dernier article que nous avons offert à nos lectrices, nous les engagions à admirer combien, vu du milieu du Pont-des-Arts, à Paris, est pittoresque le lit de la Seine. Qu'aujourd'hui elles s'arrêtent à Nantes, à moitié chemin de cette longue ligne de ponts qui traversent la Loire en enjambant d'île en île, et qu'elles n'admirent pas moins le fleuve qui va porter sa forêt de mâts à l'Océan. Chétif ruisseau, au *Gerbier-le-Joug* en Velay; le voici, après une longue vie, car c'est une véritable vie que le cours d'un fleuve, une vie composée, comme la vie humaine, de luttes contre les obstacles, de paisibles passages, de pensées qui agrandissent l'âme, de même que les affluents agrandissent le fleuve ; le voici imposant à l'approche de la mer, autant que l'homme à l'approche de l'éternité. Mais ce n'est point dans cet horizon illimité et mystérieux que notre vue doit aller se perdre : les riants coteaux qui se déploient devant elle l'appellent aujourd'hui, tant le soleil y est beau.

Sortons donc de la ville, mais non sans donner un regard de regret à l'emplacement de la vieille tour de Pirmil, dont j'ai souvent admiré les ruines, et qui défendait l'entrée des ponts de Nantes contre les invasions du Poitou. Nous devions cette station pieuse à un monument tombé, à un souvenir détruit : allons-en chercher d'autres à Clisson ; mais sur la route il en est encore que l'on ne peut négliger.

A gauche, au bout de la lande, s'élève le

vieux château de Goulaine, qui fut autrefois une des plus splendides habitations seigneuriales de la contrée. Il nous semble encore voir les plafonds chargés de sculptures dorées ou peintes en azur, et les restes de la tapisserie de cuir dont les couleurs sont restées aussi vives qu'elles l'étaient il y a plusieurs siècles. Avec quelle émotion, le cœur tout rempli de l'histoire qu'a écrite Hardouin de Péréfixe, on entre dans la chambre où coucha Henri IV, et dans laquelle reposa également une nuit, son petit-fils Louis XIV. Etait-ce à l'époque où celui-ci vint à Nantes pour y faire arrêter le surintendant Fouquet ? à quelque date que ce fut, le marquis de Goulaine d'alors était un galant hôte et un habile courtisan. Louis XIV s'en aperçut lorsqu'après une nuit passée au château, ses premiers regards, encore à demi voilés par un réveil indécis, entrevirent, sous le dais qui protégeait le lit royal, les visages les plus aimés ; ceux qui embellissaient sa cour à Saint-Germain ou à

Versailles ; quatre charmants portraits lui souriaient des quatre coins de l'estrade, et ces portraits sont encore à Goulaine.

A une heure de marche au-delà, sur la route même de Clisson, s'étendent de longues et vieilles murailles dont les brèches permettent d'entrevoir un amas de ruines pittoresquement voilées de lierre. Là se reposa la vie la plus glorieusement occupée ; là fut le château de l'illustre amiral Barin de la Galissonière, vainqueur des Anglais, comme le fut tant de fois son voisin, qui le précéda de plus de trois siècles, cet Olivier de Clisson dont l'antique manoir est un monument national que la France entière doit voir avec intérêt et orgueil. A l'époque où les Anglais étaient les ennemis les plus acharnés de la France, Olivier de Clisson passa sa vie entière à défendre contre eux notre pays, et accomplit glorieusement cette tâche avec son ami Duguesclin. Duguesclin, Clisson, Bretons l'un et l'autre, l'un et l'autre non moins déterminés adversaires des

Anglais, et transmettant pour des siècles à la petite Bretagne leur haine pour la grande!

Mais avant d'entrer à Clisson, nous devons encore un regard à une autre ruine; mais celle-ci est à peine visible. Des décombres, un amas de pierres à côté de l'église et du cimetière, des dalles, voilà tout ce qui reste du château où naquit, dit on, le célèbre Abailard, un des hommes les plus illustres du douzième siècle.

C'est ainsi que par une avenue de ruines nous sommes arrivés au manoir du connétable de Clisson, ce redoutable guerrier dont les Anglais disaient, en le montrant avec un sentiment de respectueuse terreur:

« Vèes-ci ung bon Breton! »

Ne regardons pas encore autour de nous et entrons droit par la grande porte du nord, ou par cette porte plus petite qui, ainsi que la grande, avait son pont-levis. Les hautes murailles sont tendues comme celles devant lesquelles doit passer un saint cortége; mais l'éternelle tapisserie de ces murailles vénérables est composée d'immenses festons de lierre. Levez la tête, et vous verrez, au-dessus des créneaux mutilés, s'entrelacer les branches de deux vigoureux ormeaux, sublime leçon donnée à l'homme par la nature qui lui montre ainsi qu'il n'est point de destruction sur la terre, que de la ruine naît la vie et que sur la tombe s'élève le berceau.

Après avoir franchi une première cour, toute plantée d'arbres reverdissants chaque année, au milieu des décombres qu'y ont entassées la main du temps, la main des hommes, on descend dans d'humides caveaux, sinistres prisons qui ne recevaient le jour que par des grilles. Aujourd'hui les voûtes de ces cachots sont devenues de riantes terrasses.

Nous nous sommes détournés afin d'aller jeter un regard sur ces sombres oubliettes, qui suffisent pour justifier les châtiments dont trop souvent les ruines féodales sont le témoignage ; mais nous voulons pénétrer dans le lieu où se retiraient les anciens possesseurs du château : retournons sur nos pas, et, après le bastion que protégent les deux ormes que nous avons vus en entrant, après avoir traversé dix portes, dont plusieurs sont gardées par des ponts-levis et des herses, nous arrivons à la dernière cour, au milieu de laquelle se trouve un puits creusé par les sires de Clisson et dont les soldats de nos guerres civiles firent une grande tombe qu'ombrage un vaste cyprès. Prions pour tous!

C'est au milieu de cette cour que vivaient, comme au fond d'une prison, les seigneurs de ce lieu. Là, dans ces vastes salles, se passèrent bien des scènes de tumulte et d'épouvante, bien des scènes de joie et de paix ; c'est là, sous la protection de ces herses, de ces souterrains, de ces poternes, qu'Olivier II, fils d'Olivier I er, qui construisit le château en 1223, soutint le siége donné à ses fortes murailles par le duc de Bretagne, Jean-le-Mauvais. Toutes les forces du suzerain échouèrent contre ces remparts aujourd'hui si inoffensifs, et le duc ne put s'emparer de la seigneurie de Clisson qu'à l'aide de la protection du roi de France, appuyée d'un arrêt du Parlement qui autorisait Jean-le-Roux à se saisir de la baronnie d'Olivier.

Elle ne tarda pas toutefois à être rendue à ses légitimes propriétaires, et, en 1320, se célébrèrent à Clisson les noces d'Olivier III et de Jeanne de Belleville : ce fut alors que ces vastes chambres retentirent des chants des ménestrels ; ce fut alors que, dans ces salles, s'accomplirent ces banquets de géants dont les noces modernes ont conservé en Bretagne la fidèle tradition, et la cheminée dont nous voyons aujourd'hui, avec stupéfaction, le foyer colossal, fut en ces jours de fête chauffée par de massifs troncs de chênes flambant devant des bœufs et des moutons entiers. Et aujourd'hui que ce foyer serait froid, que ces salles seraient vides si les admirables facultés de l'homme, la mémoire et l'imagination, ne venaient les ranimer, les réchauffer et les faire resplendir encore !

Scènes de joie, elles furent bientôt suivies de scènes de deuil, lorsque Jeanne de Belleville apprit un soir que son mari, vaillant comme ses prédécesseurs, vaillant comme son fils, Olivier, le futur connétable, venait d'être pris par le roi de France, au milieu des luttes fatales de Charles de Blois et de Jean de Montfort, et que sa tête était arborée au bout d'une pique sur l'une des portes de Nantes. Cette Jeanne de Belleville ne resta point du reste anéantie par une douleur impuissante, et son pieux dévouement à la mémoire de son mari ayant fait d'elle une héroïne, elle mit le siége devant plusieurs villes qui tenaient pour Charles de Blois et son protecteur le roi de France ; elle équipa des vaisseaux, courut les mers, prit des navires français et répandit au loin la terreur du nom de Clisson qu'elle portait.

Je l'avoue franchement, tout en admirant Jeanne de Belleville, je ne puis m'empêcher de penser que les femmes sont créées pour l'exercice de plus douces vertus, et de regretter que l'héroïsme de la mère de Clisson se soit déployé contre la France. Les historiens racontent qu'à son exemple, son fils combattit vaillamment pour Jean de Montfort, et par conséquent du côté des Anglais qui le soutenaient; mais le Breton dévoué, Olivier de Clisson, ne devait pas longtemps faire cause commune avec les ennemis du pays; ce n'avait pu être que l'effet de ces étranges égarements que produisent les troubles civils, bien nommés *troubles*, car ils mettent la confusion dans tous les sentiments humains, et bientôt Clisson quitta la cour de Jean de Montfort, devenu duc de Bretagne, sous le nom de Jean IV, cour tout-à-fait anglaise; puis la guerre s'étant rallumée entre la France et l'Angleterre, il alla offrir sa formidable épée au sage roi Charles V.

Ce fut alors qu'il contracta avec Duguesclin, connétable, auquel il succéda en 1380, une amitié profonde, laquelle, à considérer la différence extrême de leur caractère, serait un fait inexplicable, s'ils n'avaient eu en commun deux qualités prédominantes : le *courage* et la *fidélité*. En tout le reste on ne pouvait moins se ressembler, et Duguesclin, héros accompli, guerrier généreux et sans reproche, l'emportait prodigieusement en vertu sur Clisson, véritable barbare, que son avarice avait rendu odieux à ses vassaux, et à qui sa cruauté avait valu, de la part de ses ennemis, le flétrissant surnom que portait Djezzar, le pacha de Saint-Jean d'Acre, le surnom sanglant de *Boucher*.

Voyez ces hautes fenêtres partagées par une croix de pierre ; c'est de là qu'un jour, en 1387, la châtelaine parcourait sans cesse du regard la campagne, cherchant à découvrir à l'horizon le connétable qu'elle attendait d'un instant à l'autre, et il ne venait point ! C'est que le duc de Bretagne, Jean IV, l'ayant perfidement amené à Vannes, l'avait, avec non moins de perfidie, fait entrer le premier dans la cour du château de l'Hermine, nouvellement bâti, et là, il avait ordonné à un de ses gentilhommes de l'égorger; mais Basvalen, ce noble Breton, ne voulant pas imprimer une souillure d'ignominie au château de l'*Hermine*, l'emblème sans tache de la Bretagne, fit un noble mensonge à son maître, et Olivier de Clisson fut sauvé. La tour où se passa cette trahison est seule restée debout au-dessus des ruines du château de l'Hermine, et a conservé le nom vengeur de *Tour du Connétable*.

Clisson n'oublia pas du reste la coupable action de Jean IV; sa famille ne l'oublia pas non plus, même après sa mort : à 23 ans de là, en 1420, Marguerite, fille d'Olivier, s'empara de la personne du duc de Bretagne, Jean V, et celui-ci, longtemps captif dans le château de Clisson, expia le crime de son père. C'est ainsi que l'histoire donne sans cesse de grandes leçons de morale aux hommes, en leur apprenant que rien ne reste impuni.

Le manoir de Clisson perdit, dès cette époque, son importance comme forteresse, devant l'invention de la poudre et des armes qui tuent et démolissent de loin : la Ligue le ranima cependant, et il retrouva sa force contre les attaques de Henri III. Depuis lors, jusqu'à la guerre de la Vendée, il fut totalement abandonné, et le temps délabra à son aise ses murailles, puis l'armée de Mayence, qui avait établi sa place d'armes derrière ces remparts croulants, ne songea guère à les réparer.

La guerre civile apaisée et l'ordre revenu en France ne promettaient pas néanmoins à l'antique manoir une pieuse restauration : au contraire, la commune de Clisson, propriétaire de ces ruines, eut la pensée d'en faire des pierres pour reconstruire des habitations détruites par les guerres qui avaient dévasté le pays, lorsqu'un statuaire célèbre, Lemot, acheta, moyennant une somme modique, les restes du manoir de Clisson. Il n'était point de cette dévastatrice bande noire qui s'empare des vieux édifices pour les renverser, des hautes futaies pour les raser à la surface du sol ; il n'acquérait que pour réparer, pour conserver religieusement le séjour d'un défenseur du pays. Certes, Lemot a pu mériter une légitime gloire par son fronton du Louvre, son Léonidas, ses bas-reliefs de la tribune législative, sa statue équestre de Henri IV : son plus bel œuvre est le château de Clisson.

Aussi, du haut de ce donjon, dont la moitié s'écroula dans le dix-septième siècle avec la plate forme sur laquelle chaque nuit s'allumait un fanal, le premier objet que l'on doit saluer d'un regard respectueux, c'est le temple sous la voûte duquel Lemot avait préparé son sépulcre, et dans lequel il est entré en 1827. Il a là le tombeau le plus désirable ; une terre qu'il a rendue belle et heureuse. Jamais la moindre partie des revenus assez considérables qu'il retirait de ses propriétés de Clisson, ne sortait du pays sur lequel il ne cessa de répandre des bienfaits. Si la Bretagne, au milieu de ses landes et de ses bruyères, autour d'un sombre et pittoresque manoir du moyen-âge a une ville d'Italie, elle la doit à Lemot, qui ne laissa jamais reconstruire une chéminée, bâtir une habitation nouvelle, élever un clocher à l'église sans proposer un plan de *Campanile* gracieux, de riante maison de Tivoli ou de Naples, avec la condition de payer largement au constructeur la différence de prix qui résulterait de la réalisation de son devis d'artiste.

Après avoir salué d'un œil pensif la tombe de Lemot, admirons le tableau qui est son œuvre, cette charmante petite ville de Clisson bâtie sur plusieurs collines qu'interrompent ici des eaux écumantes au milieu des rochers, là des masses de sombre ou riante verdure. Pourquoi le Poussin, qui trouva les sites de Clisson dignes de figurer dans ses paysages d'Italie ou de Grèce, n'a-t-il pas eu sous les yeux la ville de Lemot? Il n'eût pas eu besoin de composer des constructions antiques en rapport de forme et de couleur avec le paysage ; il n'aurait eu qu'à copier. Rien n'est plus élégant, plus harmonieux que ces toits plats, ces tuiles, ces briques, ces touffes d'arbres, ces belvéders, ces arcades, ces fenêtres cintrées, autour de cette masse imposante du château. Tableau de grand maître, cette peinture est animée par le bruit des cascades que forment la Sayvre et la Moine se mariant au milieu de rochers si pittoresques que les voyageurs se demandent s'ils ne sont pas dans les Vosges ou le Jura.

Et au pied de ces rochers, voici une vieille masure qui était autrefois un lieu de retraite pour les Bénédictines de Clisson. Cette masure et l'agreste promenade qui l'entoure avaient reçu des religieuses un nom charmant, qu'elle conserve encore ; le nom de *Soucinia*, qui, écrit en français de nos pères, *souci n'y a*, signifie qu'il n'y avait aucun souci dans cet asile.

Sur un autre point s'élève une chapelle antique, nommée *Chapelle de Toutejoie*, par Olivier III, le père du connétable, parce qu'un jour de Rogations, entendant la messe dans cet oratoire, il y reçut la nouvelle du premier fait d'armes de son fils. *Toutejoie* et *Soucinia*, voici deux noms qui doivent jeter, pour ainsi dire, un bien doux reflet sur ce calme paysage de Clisson.

Si l'œil se porte au-delà de la ville, les aspects ne sont pas moins délicieux; mais ce qui frappe le plus vivement le regard, c'est cette vaste étoffe écossaise, ce grand plaid à carreaux verts et jaunes qu'à cette époque des moissons, forment les champs coupés par des bouquets d'arbres. De toutes parts, hormis là où la Sayvre, où la Moine coulent bruyantes ou paisibles, s'étend cet immense tapis; ou bien, au bout d'une lande dont les bruyères clair-semées donnent à peine une teinte verte au sol grisâtre, s'élève à l'horizon un clocher qui perce les nuages.

C'est le clocher de Vertou, petit bourg où l'on révère Saint-Martin-de-Vertou, apôtre de l'ancienne cité d'Herbauge, engloutie en punition des crimes de ses habitants, dit la tradition, et qui a fait place au lac de Grandlieu. Bien des paysans vous raconteraient encore comment, à certain jour de l'année, on entend retentir sous les eaux du lac les cloches de la cité submergée: c'est là un des traits qui m'ont le plus vivement frappé dans les récits des veillées de mon enfance ; non moins vivement toutefois que l'histoire de la bienheureuse Françoise d'Amboise, sept ans femme de Pierre II, duc de Bretagne, puis prieure d'un couvent appelé Notre-Dame-des-Coëts, et qui fonda dans ce monastère un pieux et touchant usage, celui de vêtir et d'adopter le jour de Noël un petit pauvre, en disant : *Cet innocent nous représentera cette année l'enfant Jésus.* Elle exerçait ainsi la plus belle charité, celle de recueillir les orphelins; mais, ce qui me charmait le plus, moi, enfant, c'est qu'il s'agissait d'un enfant, et, si mes réminiscences ne sont pas trop infidèles, d'une promenade mystérieuse que faisait dans les rues de Nantes l'abbesse des Coëts, répandant à pleines mains les bonbons et les friandises.

Ce couvent des Coëts, auquel se rattachent de si doux souvenirs, était situé entre Rezé et Vertou, voilà pourquoi le clocher, ce grand trait de tout paysage, me les a rappelés, ainsi qu'un jour plus récent où le propriétaire du sol qui fut le cimetière du monastère, voulant livrer à l'agriculture ce champ du repos, en retira beaucoup d'ossements, et les fit pieusement transporter à Nantes; heureux débris, heureux de ce que les âmes une fois au ciel, les corps n'éprouvent plus les chagrins et les douleurs de la terre, car ils auraient bien souffert à cette heure de séparation et d'exil loin du lieu où ils eurent une vie et une mort également pleines de paix.

Le monastère des Coëts suivait la règle d'un ordre célèbre par une remarquable singularité, l'ordre de Fontevrault, abbaye à la tête de laquelle Robert d'Arbrissel, son fondateur, mit une femme, bien que les vastes cloîtres renfermassent des religieux aussi bien que des religieuses : *Tenez-vous soumis aux servantes du Christ*. Telle fut la recommandation que le bienheureux Robert adressa à ses moines. L'esprit de l'institut de Fontevrault était un perpétuel hommage à la femme qui nous donna un Dieu. Cette suprématie dévolue aux femmes dans une religieuse enceinte, n'eut jamais pour elles les troubles et les embarras que donne le pouvoir, parce que, ce qui régnait surtout à Fontevrault, c'était Dieu ; mais que dans nos sociétés actuelles, il soit des femmes qui puissent rêver l'exercice de la toute-puissance et songer à faire tomber les hommes du trône peu enviable où les assaillent les soins des affaires, les soins de la politique; oh! je ne conçois pas ces folles ambitieuses!

Et puisque nous avons été amenés tout naturellement à nommer Fontevrault et à en parler, nous pouvons y jeter un coup d'œil en revenant à Paris. Mais où est donc cette calme retraite, que Robert se créa dans les forêts qui entouraient Saumur? où sont les chants mélodieux que faisaient entendre dans le cloître du grand monastère les trois cents religieuses que Robert y enferma *pour la psalmodie?* Et ces paisibles cloîtres sous les arceaux desquels marchaient silencieusement les plus grandes dames du pays, devenues humbles servantes de l'autel, ces cloîtres où reposaient les ossements des illustres abbesses, et des reines et des rois, ces cloîtres que sont-ils devenus?

Non, jamais, depuis que nous avons entrepris le travail que nous poursuivons, nous n'avons eu sous les yeux un changement de destination plus complet; c'est toute une révolution! La sainte et calme maison de Fontevrault a fait place à une immense prison, à une maison centrale peuplée de tout ce que la société a de plus hideux en hommes et en femmes. Là où les familles les plus distinguées envoyaient leurs filles pour recevoir une éducation parfaite, là pullulent des femmes perverties; au lieu de *voiles de lin* qui devaient *couvrir les guimpes blanches*, suivant la règle de Robert d'Arbrissel, on ne voit là aujourd'hui que visages éhontés, que regards audacieux.

Ce n'est point parmi les habitantes actuelles de Fontevrault que l'histoire trouvera jamais à raconter ce qu'on lit dans une ancienne chronique de la célèbre abbaye. Souvent de grands personnages, reines, rois, princes, souverains obtenaient la faveur de visiter ces saints cloîtres; or, un jeune et puissant seigneur y ayant été admis avec sa suite, fut frappé de la vue d'une religieuse d'une beauté remarquable, et dont les magnifiques yeux n'étaient pas en ce moment cachés par le voile de lin que prescrivit le fondateur. Il ne pouvait se lasser de les contempler, et lorsque le pudique voile baissé ne lui permit plus de les voir, il envoya vers cette sainte fille un des seigneurs de sa suite pour lui déclarer avec la galanterie des palais que des yeux aussi beaux que les siens étaient faits pour briller à la cour. La religieuse épouvantée par cette déclaration qui lui semblait comme une menace de la soustraire à ses vœux de clôture éternelle, et perdant la tête à la pensée d'être contrainte à violer ses serments, se retira en disant au messager d'attendre sa réponse. Elle ne la lui fit pas attendre longtemps, et une sœur converse, pâle, tremblante, éplorée, vint lui remettre entre les mains un petit bassin couvert. « Voici, dit-elle, ce que ma sœur envoie à votre maître. »

Et le prince attendait impatient le retour de son envoyé : aussi leva-t-il avec empressement le couvercle du bassin, et que vit-il au fond ? les deux yeux de la religieuse ! Ce fut sans doute un acte de sombre exagération, de démence ; mais enfin il y a quelque chose d'héroïque dans cette terreur de manquer à la foi jurée ; cette terreur qui sacrifie sans pitié le corps à l'âme.

Il ne reste plus à Fontevrault qu'une seule trace de la vie d'autrefois : le silence prescrit par le pieux fondateur y règne encore ; mais ce n'est plus le silence pieux du recueillement et de la méditation ; c'est un silence contre lequel chacune des prisonnières blasphème dans son cœur ; c'est un silence ordonné, imposé ; le silence du régime pénitentiaire. *Pénitentiaire!* A en croire le mot, ce régime inspire la pénitence et le repentir : puisse la définition être vraie, ne fût-ce que pour quelques coupables, et les religieux édifices de Fontevrault ne sembleront pas avoir changé aussi totalement de destination, car, comme dit l'Evangile, le repentir d'un pécheur répand la joie dans le ciel !

LE CHATEAU DE DIEPPE.

LE CHATEAU D'ARQUES.

LES FALAISES. — LE MANOIR D'ANGO.

Quand la diligence, emportée sur le chemin de fer avec une rapidité que la fébrile impatience de nos jours trouve déjà trop lente, nous a jetés en quelques heures de Paris à Rouen, et, qu'ayant substitué au fougueux coursier de la vapeur, pour lequel chaque nouvelle fournée de charbon est un relais, cinq ou six relais de robustes attelages normands, nous approchons de Dieppe, le premier objet que nous apercevons du haut de la côte, c'est une admirable tenture verte ou bleue, suivant la nature du ciel qui s'y mire en ce moment; c'est la mer, l'Océan sans limites. Fugitive apparition, elle s'évanouit à mesure que nous descendons au galop vers la ville. Nous allons y entrer. Voici devant nous la porte de la Barre. N'avez vous pas entrevu à votre gauche, au-dessus des fossés du château, aujourd'hui plantés et verdoyants, de hautes arches qui supportent un pont jeté des murailles à la falaise?... Mais pourquoi chercher à peindre par des mots cet aspect que les peintres et les dessinateurs ont fait passer souvent sous vos yeux? Bornons-nous à notre rôle d'écrivain pour vous dire, ce que ne pouvait dire le crayon, que la porte *du secours* et le chemin aérien qui se détache sur l'horizon, servirent, il y a deux siècles, au dénouement d'un drame que nous vous raconterons bientôt.

Il faut d'abord entrer non par la porte dérobée, mais par le portail sombre et imposant ouvert sur la rue de la Barre, et d'où une large rampe gravit jusqu'au château. Là, tandis que nous montons, chaque pas est une découverte, un enchantement, un horizon nouveau et plus étendu: c'est le premier étage des maisons, le second, puis le dernier, puis les cheminées qui livrent au vent leurs nuages blancs ou bleuâtres, puis le toit de l'église de Saint-Remy, son clocher, puis la merveilleuse tour de l'église Saint-Jacques, puis au-delà la mer! Ainsi va la vie de l'homme; plus il grandit et s'élève de jour en jour, plus il voit haut, loin et vaste, jusqu'à l'heure où il se trouve face à face avec l'éternité dont l'Océan est bien l'image.

Mais tournons les yeux du côté de la terre, où nous sommes encore, et avec cette puissante longue vue, la mémoire assistée de l'imagination, regardons la riante campagne d'Arques, aujourd'hui si paisible, si sereine et où s'accomplirent tant de faits d'armes avant le dernier et le plus célèbre.

Cette rivière qui coule sous de frais ombrages, portait autrefois, à cause de sa profondeur, le nom saxon de *Diep*, *Dip* (*Deep* en anglais). Quelques pêcheurs, établis à son embouchure dans la mer, furent les fondateurs de Dieppe, de même que cette petite rivière d'Arques fut sa marraine, et que la cité d'Arques, dont la population actuelle s'élève à peine à 800 habitants, fut jadis sa dame et maîtresse. Aujourd'hui c'est le *hameau* de Dieppe qui est maître et seigneur, et la *cité* d'Arques languit sous son château en ruines. L'histoire n'est qu'un long tissu de vicissitudes de cette espèce.

A combien de siéges, à combien d'assauts les murailles du château d'Arques, dressées sur la colline rapide et gardées par des fossés profonds, ont-elles résisté depuis le dixième siècle jusqu'au dix-huitième, pour tomber ensuite, en quelques années, sous la main destructive de l'abandon, et plus encore sous celle de la cupidité! Vers la moitié du dernier siècle, l'antique château d'Arques cessa d'avoir même les deux invalides qu'il avait possédés pour unique garnison, et fut livré à tous les habitants de la contrée qui avaient des maisons à bâtir : c'était une carrière inépuisable pendant cent ans. Les parapets du haut desquels les hardis guerriers du comte Guillaume et du vicomte Gosselin lançaient jadis leurs dards et leurs quartiers de rocs sur les assaillants, furent alors transformés en marches d'escalier ou en âtres pour des maisonnettes de bourgeois retirés du commerce. Ces murailles, entre lesquelles Richard Cœur-de-Lion habita après un siége et qui entendirent Henri IV donner à ses généraux le plan de la bataille du 20 septembre 1589, fournirent à quelques cultivateurs, à quelques pêcheurs, vieillis aux champs et à la mer, des pierres héroïques pour former les murs de leurs humbles cabanes; puis, après toutes ces dévastations, ce qui restait encore de décombres debout, plus le terrain, fut vendu en 1793, moyennant la somme de huit mille trois cents livres.

Alors la vieille forteresse subit une autre métamorphose, elle devint spectacle, et, moyennant un franc, un démonstrateur émérite faisait voir aux curieux la tour démantelée au sommet de laquelle, en 1144, un moine flamand, devenu capitaine de cette forteresse, se tenait constamment pendant un siége fameux. Il avait la prétention de déterminer le lieu où fut la salle dans laquelle se passa une scène solennelle, lorsque Robert-le-Diable, qui n'avait reculé, son surnom ledit, à la pensée d'aucun forfait, arrivant au château d'Arques avec les projets les plus criminels contre sa mère, la duchesse de Normandie, se sentit ému, repentant, corrigé, seulement en entendant sa voix et, tout-à-fait converti, il tomba à genoux devant elle.

L'historien-cicérone savait également par cœur la triste histoire de la prison d'Aliénor, dans le donjon d'Arques, tandis que son frère, Arthur de Bretagne, mourait assassiné dans la vieille tour de Rouen par leur oncle Jean-sans-Terre. Il vous aurait également bien raconté comment, en 1584, des soldats déguisés en matelots sortirent de Dieppe qui tenait pour le roi, afin de tenter un coup de main sur le château d'Arques, alors au pouvoir de la Ligue, et comment chargés de poisson, mais surtout d'armes que cachaient leurs vêtements, ils franchirent le petit pont-levis entre les deux tours qui gardaient l'entrée, égorgèrent la sentinelle de la première poterne, celle de la seconde et se rendirent maîtres du château.

Ces leçons d'histoire traditionnelle, au milieu des décombres entassés par tant d'événements, avaient du moins quelque chose de solennel ; mais aujourd'hui l'extérieur, revêtu de magnifiques lierres, a seul conservé la majesté de ruines. A l'intérieur la vaste cour du donjon et les autres cours, déblayées de tous les débris des siècles, sont transformées en boulingrins, en plate-bandes, en frais gazon, et sur le point culminant des ruines s'élève un pavillon tout-à-fait coquet.

Avant de retourner du haut de ce belvédère, sur la plate-forme du château de Dieppe, contemplons le champ de bataille que dut si vivement regretter Crillon après le mot tout français, par le fond et par la forme, que lui adressa le roi. Dans le riant village d'Arques, quelques vers gravés (Louis XIII régnant), au mur d'une vieille maison du pays, conservent le souvenir de la victoire de Henri IV sur le duc de Mayenne. Voici les deux derniers de ces vers :

Arques, Coutras, Ivry ont chacun sa mémoire :
Les cieux ayent l'esprit ; Saint-Denis ait le corps.

Une pyramide a, de plus, été dressée par les Dieppois en 1829 sur cette plaine où *les veines de la Ligue ouvertes épanchèrent à ruisseau le sang*, ainsi que s'exprime Duchesne, historien de l'époque.

Ah! les guides et les cicérones sont vraiment les fléaux des curiosités et des ruines. « *Traduttore, traditore,* » disait Biron. Nous pourrions le répéter en le parodiant; oui, c'est un *traître*, que ce cicérone, ce *traducteur* des vestiges des anciens temps, qui les défigure à cœur-joie, comme un traducteur sans âme défigure un poëte de génie. Oui, le cicérone, avec sa leçon invariable, est le fléau des antiquités de l'art et de l'histoire, à moins qu'il n'en soit le bouffon!

Cette boutade nous échappe au souvenir d'Arques, et d'une promenade que nous nous rappelons avec bonheur. Un jour nous gravissions la falaise qui s'étend au-delà du Pollet, et tout en admirant la mer, si belle à nos pieds, tout en nous retournant à chaque pas pour contempler le pittoresque aspect de Dieppe, et surtout celui du château vu de ce point, nous nous dirigions vers le *Camp-de-César*, immense rempart de gazon élevé par la main des hommes ; mais par quels hommes ? Gaulois ? Romains ? Normands ? Anglais ? Des monuments de chacune de ces races ont été trouvés dans ce sol à l'aide de fouilles habiles. Tombeaux celtes et belges, médailles romaines, traces du moyen-âge, on y a découvert ces testaments d'époques diverses. Est-ce pour avoir vaguement entendu parler de ces découvertes qu'un cicérone bénévole qui se rencontra sur notre passage, voulant sans doute aider nos investigations, eut l'art de nous apprendre en une seule phrase que, de ce camp de César, le duc de Guise avait bombardé, du temps des Romains, le château d'Arques?

Soyez donc César, Henri IV, Guise, inventez donc la poudre à canon, ayez donc du renom, de la gloire, pour que, quelque beau jour, un habitant de cette terre que vous croyez avoir illustrée, chacun pour votre compte, vous confonde dans un salmis historique tel que celui que nous servit notre docte paysan du pauvre hameau du Puys. Et cependant cet amphigouri était composé d'un pêle-mêle de traditions fondées et de faits réels. Quand il parlait, par exemple, de bombardement, il se rappelait sans doute avoir ouï raconter le siége de Dieppe en 1443, pendant lequel, du haut de cette même falaise de l'Est, Talbot, le *César anglais*, canonna le Pollet, les fortifications de la plage et le château, à moins qu'il ne voulût parler du bombardement de 1694, qui détruisit presque toute la ville, et acheva de rendre odieux à Dieppe le nom anglais.

Ce fut en effet un horrible désastre que l'on peut se figurer en se représentant une pluie de bombes, une ondée de feu de plus de vingt-quatre heures, tombant sur une ville toute construite en bois. Quelques édifices y survécurent seuls, mais cruellement mutilés, entre autres la belle église de Saint-Jacques dont la chapelle de la Vierge subit d'affreux ravages. C'était la troisième fois que Dieppe était dévastée de fond en comble, et de même, au château qui se voit actuellement, avaient succédé trois autres châteaux, non sans laisser chacun quelque chose de lui à son successeur.

C'est ce qui a donné à cet édifice, vingt fois restauré, une physionomie toute particulière : là, le clocher de la vieille église de Saint-Remy, ce temple du dixième siècle, dont la tour reste seule debout pour lui servir de donjon ; là, ces tours saillantes, ces murailles crénelées sont supendues à la falaise à diverses époques. Nul château-fort ne saurait avoir un aspect plus pittoresque ; c'est un curieux assemblage d'architectures diverses, et ce mélange de tons est, on le sait, un des traits les plus curieux du château de Fontainebleau. Regardez le château de Dieppe du sommet de la falaise où a été peint le tableau dont vous avez le dessin, regardez-le du milieu de la plage, ou de quelque point que ce soit de la rade, et les siècles vous apparaîtront tour à tour. Ce sera d'abord le huitième siècle avec son géant de corps et d'âme, Charlemagne, et le fort que, dit-on, il construisit sur la falaise afin de s'opposer aux invasions des hommes du Nord, ces fléaux de sa vieillesse. Espérait-il attirer sur ce fort et sur les quelques pêcheurs qu'il défendait la protection du ciel en les plaçant sous l'invocation du nom de sa mère et de sa fille? *Bertheville*, tel fut, assurent les annales, le premier nom du pays, qui ne prit que dans le onzième siècle, au plus tôt, le nom de *Dieppe*, dont nous avons dit l'origine.

A cette époque le fort de Bertheville avait dû être détruit par les hommes du Nord, encore nomades. Une fois *Normands*, et installés sous ce nom dans la Neustrie, ils construisirent, au même lieu, une nouvelle forteresse. Henri II, roi d'Angleterre et duc de Normandie, en fut le fondateur; mais, sous son fils Richard, Philippe-Auguste renversa cette citadelle, après avoir saccagé la ville, brûlé les navires, détruit le port, et emmené captifs les habitants.

Cette catastrophe abattit Dieppe pour un siècle et plus, mais enfin ses matelots ayant, en 1339, vigoureusement coopéré [au siége de Southampton, d'où ils apportèrent un ample butin, cette proie servit à payer la construction de fortifications qui, ceignant la ville du côté de la mer, complétèrent le système de défense dont le château était le point culminant. Ainsi, on édifiait, avec les ruines anglaises de Southampton, des remparts destinés à être ruinés, à leur tour, par les Anglais.

Et cette enceinte fortifiée et la grosse tour carrée qui prit le nom de la *Tour aux Crabes*, appellation toute maritime, ne furent pas inutiles sous les règnes agités du roi Jean, de Charles VI et de Charles VII. Sous ce dernier surtout, Dieppe était alors, ainsi que tout le reste de la Normandie, au pouvoir des Anglais; et ils ne rendirent au roi de France cette place qu'en 1433, à contre-cœur, et avec le projet de la reprendre un jour.

Les Dieppois, qui avaient longtemps frémi d'impatience sous le joug, sentant que, tout en le laissant tomber, l'Angleterre n'aspirait qu'à le leur imposer encore, profitèrent de leur délivrance pour rendre plus fort le château; et le gouverneur, Desmarets, qui le commandait, en fit une forteresse nouvelle, puissante, d'où, en 1443, il envoya plus d'un boulet, plus d'une bombe sur la bastille en bois construite au-dessus du Pollet par Jean Talbot. Après neuf mois de siége, ce célèbre capitaine fut contraint de renoncer à son entreprise, et le château de Dieppe triomphant, protégea puissamment, du haut de son trône de rochers, la ville de Dieppe, alors si florissante.

Le château de Charlemagne, de Henri II, de Desmarets devint plus formidable encore à l'époque des guerres de religion. L'alliance de ces deux mots fait mal! Bastions, terrasses crénelées, casemates se multiplièrent, et retentirent plus d'une fois du cliquetis des lances, des épées, des cuirasses. Lorsque la Ligue agitait la ville, la citadelle, ressentant le contre-coup de cette agitation, passa de longues nuits sous les armes, et la Fronde à son tour y causa des troubles, dont, pour tenir la promesse que nous avons faite au début de cet article, nous allons dire quelques mots.

Vers le commencement de l'année 1650, à la suite de dissentiments entre le parlement de Paris et l'autorité royale, des séditions éclatèrent, et quelques grands personnages furent arrêtés, poursuivis, contraints de fuir. Parmi ces derniers se trouvait la duchesse de Longueville, femme pleine de grâce, d'un esprit charmant, et qui fut cependant bien infidèle au rôle de paix et de conciliation, céleste attribut de son sexe, au milieu des discordes civiles. Forcée de quitter Paris pour se soustraire aux poursuites de la cour, elle n'en persista que plus activement dans ses cabales politiques, et après avoir vainement cherché à soulever contre le roi la ville de Rouen où son mari avait résidé comme gouverneur, elle se rendit à Dieppe dans la même intention, mais cette fois avec quelque espérance. A cette époque le château était commandé par M. de Montigny, créature du duc de Longueville; elle comptait sur lui, et elle avait raison, car Montigny la reçut avec empressement à la citadelle.

Dès ce moment, le trouble descendit du château dans la ville, qui était fortement attachée au parti du roi, et la garde bourgeoise prit les armes pour ne les quitter ni nuit ni jour. La milice urbaine gardait la grande porte du château; tous les points principaux étaient occupés militairement, et des pourparlers, qui ne faisaient qu'accroître la mésintelligence, s'échangeaient journellement entre le maire et les échevins toujours de plus en plus fidèles, et la duchesse de Longueville toujours de plus en plus factieuse. Elle avait fini par prendre le ton de la menace avec le corps de ville qui avait riposté avec le ton de la plus énergique résistance. On était à la veille d'en venir aux mains, les canons allaient s'allumer des remparts de la citadelle aux batteries de la plage, lorsque se répandit dans tous les quartiers le bruit de l'arrivée du roi et de la reine régente avec une force considérable destinée à réduire à l'obéissance les factieux retranchés au château. C'était pour le soir même, assurait-on Ils devaient venir par le chemin d'Arques, et, préparant ses habits de fête pour aller au-devant d'eux, toute la population de la ville était en émoi.

L'émoi n'était pas moins grand dans la population du château ; mais, bien différent du sentiment qui se manifestait sous les murailles par de joyeuses acclamations, celui qui agitait la garnison était une inquiétude toujours croissante, une perplexité sourde et morne parmi les soldats, parmi les chefs même. Montigny était ébranlé, et la duchesse de Longueville, sentant chanceler son appui, commençait à faiblir et à se montrer séditieuse moins hautaine. Chaque cri de *vive le roi!* chaque cri de *à bas la duchesse de Longueville!* venait la frapper de plus en plus vivement au cœur. A mesure que la journée s'avançait, s'accroissaient le trouble et l'indécision qui égaraient sa volonté si impérieuse jusqu'alors. Elle entendait murmurer les soldats, les officiers; Montigny lui faisait entrevoir que, malgré son bon vouloir, il ne pouvait répondre de rien. Il y avait tout lieu de redouter un abandon complet de la part de la garnison tout entière, aux premières démonstrations que ferait l'armée royale contre la citadelle.

« Comment va se passer la nuit?» se disait la duchesse en regardant, pensive et grave, le soleil qui disparaissait dans la mer en feu, et il était de bonne heure encore. Les nuits commencent si tôt et sont si longues au mois de janvier! «Comment cette nuit se passera-t-elle?» L'héroïne commençait à se sentir faible devant le rôle qu'elle avait pris, à mesure qu'approchait le dénouement. Un bruit retentissant de cavalerie au galop, d'artillerie roulant avec fracas, et de commandements militaires, vint lui répondre du côté de la porte de la Barre.

Et les cris de *A bas les frondeurs ! Vive le roi !* de s'élever en même temps avec un accent formidable de tous les points de la ville vers le château. La nuit était alors tout-à-fait venue et la duchesse, visiblement consternée, parlait bas à l'oreille de Montigny, lorsque des salves, commencées par les deux canons braqués à la porte de la Barre, furent répétées par les canons des batteries de la plage.

Aux paroles qu'avait dites à voix basse la duchesse de Longueville, Montigny ne répondit qu'en baissant la tête, puis il descendit du donjon, la conduisant respectueusement à travers de longs corridors, vers une petite cour qu'éclairait une lumière flottante, battue qu'elle était par le vent de mer. Une lanterne, que portait un de ses serviteurs, éclairait leur marche dans ces sombres passages jusqu'au fond desquels arrivaient les cris de la ville et, par moment, le grondement du canon.

Alors madame de Longueville, suivie de ses adhérents, hâta le pas, et, enfin, elle arriva dans une petite chambre éclairée par une fenêtre remarquable qui existe encore. Cette fenêtre, partagée en quatre par une croix de pierre, donnait sur une cour intérieure, laquelle conduisait au petit pont-levis de la porte du secours; mais pour arriver à cette cour et par conséquent au pont-levis, il fallait descendre par un des compartiments de cette *croisée*, et ils étaient fort étroits. Il n'y avait pourtant pas à hésiter, on la poursuivait de près, sans doute. Elle prit son parti, et bientôt, ayant franchi la porte du secours et le pont-levis, elle se trouva, accompagnée de quelques fidèles, sur la falaise battue par les rafales de l'hiver. Là, marchant au hasard vers une petite clarté qu'elle apercevait au loin, elle regretta plus d'une fois peut-être cet élégant salon de la rue Saint-Thomas-du-Louvre, où elle était faite pour briller et pour être aimée. Plus d'une fois elle dut se dire qu'elle eût agi plus sagement en restant à Paris à répandre des bienfaits, que d'en sortir pour être héroïne, et finir, ainsi que le dit un contemporain, par n'être qu'aventurière.

Pendant qu'elle se morfondait dans sa fuite nocturne, les échevins se frottaient les mains de bon cœur. Le bruit par eux répandu dans la ville de l'arrivée du roi et des troupes n'avait été qu'une ruse que la population avait secondée par ses démonstrations, et grâce à ce stratagème, Dieppe s'était délivré d'un brandon de discorde. Quant à la petite clarté vers laquelle la duchesse de Longueville, croyant entendre des pas lointains, marchait à la hâte comme vers l'étoile du salut, elle avait en effet quelque chose de sanctifié; elle venait du presbytère de Pourville, pittoresque hameau de pêcheurs auquel son aspect sauvage et même désolé, dans une baie étroite ouverte entre les hautes falaises, a donné, parmi les habitants des pays voisins, un très mauvais renom : celui d'être un lieu hanté des démons et des sorciers. Ces crédules campagnards vous diront encore aujourd'hui sérieusement que *pour se faire pêcheur à Pourville, mieux vaut être filleul d'une fée que d'un évêque.* Si la duchesse de Longueville eût su vers quel point elle se dirigeait, peut-être eût-elle reculé devant Pourville ; car les personnes les plus éclairées avaient encore à cette époque un peu de la superstition introduite par Catherine de Médicis. Les superstitieuses terreurs de la fugitive auraient pu être doublées par la solitude de la falaise, par le bruit effrayant de la mer, mugissant à quatre cents pas au-dessous d'elle, et ses jambes auraient faibli.

Cependant, après avoir descendu péniblement la falaise, elle arriva transie, mourante de fatigue, au presbytère de Pourville. Le curé fit aussitôt flamber dans l'âtre du foyer hospitalier, et sous ce toit béni par la prière, où peut-être elle prit le germe de l'austère pénitence de la fin de sa vie, elle passa la nuit jusqu'aux premières lueurs de l'aube. Alors, avertie par les signaux d'un bâtiment qui croisait depuis plusieurs jours dans la rade pour la recevoir, elle quitta le presbytère, ce presbytère qui, singulière coïncidence, avait, cinq siècles auparavant, offert également un asile à Thomas Becket, archevêque de Cantorbery, fuyant devant la colère du roi d'Angleterre, Henri II.

Depuis cette époque, et à part le sinistre jour du bombardement de 1694, on ne trouve aucun fait important relatif au château de Dieppe.

En 1803, cependant, il dut encore être sous les armes, le 14 septembre, lorsque les Anglais vinrent lancer une centaine de bombes dans la ville; mais aujourd'hui, survivant seul aux fortifications qu'il dominait, il est dans un état de calme parfait. Deux compagnies de la ligne y ont remplacé les archers, les hommes d'armes du moyen-âge, ou les reîtres de Louis XIII et de Louis XIV, et il faut faire de grands frais d'imagination pour revoir les temps écoulés au milieu de cette caserne où roule le tambour des compagnies du centre, où sonne le clairon des voltigeurs.

Il y a cependant là quelque chose d'inaccessible aux vicissitudes des temps ; c'est l'aspect magnifique que l'on embrasse de la terrasse du château, la mer, la mer à perte de vue, la mer semée de voiles ; mais si l'on regarde autour de soi ces massives tours, ces hauts remparts, et que l'œil descende vers la ville, l'établissement des bains, les maisons, les tourelles qui s'élèvent sur la plage, tout cela ressemble à de véritables jouets d'enfants et les hommes à des poupées d'Allemagne.

Comme on l'a vu, la falaise est une partie essentielle du château de Dieppe : ses tours, ses bâtiments, ses murs y sont implantés, attachés, suspendus : qui pourrait parler de Dieppe sans parler des falaises, ces hautes murailles éblouissantes qui encadrent si merveilleusement la rade, rochers à pic (*feles*, en saxon), au pied desquels est la petite église neuve, la petite église ruinée, la croix de pierre du cimetière de Pourville et qui ont à leur sommet le clocher aigu du village de Varengeville-sur-Mer.

Si, étant à Dieppe, vous avez fait une promenade en canot jusqu'au phare tournant de l'Ailly, qui la nuit rayonne comme un grand œil toujours en mouvement, il est impossible qu'un de vos rameurs ne vous ait pas raconté une merveilleuse légende :

Les habitants de Varengeville trouvant que leur église de Sainte-Marguerite ainsi placée sur le bord de la falaise était trop éloignée de leurs maisons, voulurent en construire une autre au milieu d'eux. A cet effet, ils se mirent à démolir l'église, et chaque jour ils en transportaient les pierres au centre du village, pour y édifier un nouveau temple; mais chaque nuit les pierres consacrées étaient enlevées et reportées au penchant de la falaise. Ce prodige se renouvela assez longtemps pour que les habitants de Varengeville en conclussent qu'ils n'avaient qu'à obéir à une volonté surhumaine, et l'église resta où elle est.

Or, qui opéra ce miracle? Les matelots vous affirmeront, avec la foi la plus convaincante, que ce fut saint Valery, patron des marins, et cela, par la grande affection qu'il a pour les bords de la mer; explication bien digne de ces hardis matelots qui aiment l'onde salée comme leur véritable patrie; qui prient Dieu à deux genoux, les mains jointes, à saint Jacques ou à Notre-Dame-des-Grèves, qui ont pour type le brave Bouzard dont la famille est gardienne du phare depuis cent ans; noble race de ces Dieppois qui allaient découvrir la Floride, coloniser les côtes de Guinée, poursuivre les baleines sous le pôle ou faire la guerre au Portugal pour le compte du célèbre armateur Ango.

Bourgeois illustre qui reçut royalement François Ier, Ango avait, outre son palais de Dieppe, merveille de la sculpture en bois, anéantie par le bombardement de 1694, un magnifique manoir à Varengeville, manoir orné de toutes les finesses de l'architecture de la renaissance. Eh bien! aujourd'hui, fenêtres encadrées de festons, galerie supportée par les plus gracieuses colonnes, tourelle à six étages, éclairées par de charmantes petites fenêtres, tout cela est aujourd'hui colombier, vacherie, étable; les poules grattent la terre, là où marcha peut-être la cour de François Ier, et deux hautes cheminées admirables d'élégance, dans lesquelles brilla un feu splendide devant les plus hauts personnages de l'époque, sont aujourd'hui remplies de tas d'avoine ou de seigle. Le manoir d'Ango est devenu une ferme, de même que l'élégante petite église des Carmes, à Dieppe, est devenue une scierie mécanique destinée à transformer en planches les magnifiques arbres des forêts.

Ainsi tout s'altère, tout tombe, les forêts, les demeures somptueuses, les châteaux-forts, les falaises mêmes, que la vague mine sourdement et de temps à autres ont lieu des écroulements funestes. Oui, tout tombe, tout périt, tout change, hormis l'Océan qui est éternel! Eternel? jusqu'à ce qu'y descende un formidable regard de Dieu.

LE CHATEAU DE VAUX.
L'ÉGLISE DE L'ABBAYE DU LYS.

Fuyons ces tristes et froids brouillards qui pèsent sur notre vieux Paris, et, du coin de notre feu, allons chercher, par la pensée, en regardant en arrière ou en avant, avec le souvenir ou l'espérance, les paysages que l'on aime à admirer sous la réchauffante splendeur du plus beau soleil de juin; quittons pour eux la bruyante et brumeuse cité. Partons pour la campagne. Le célèbre château de Vaux et l'ombreuse abbaye du Lys s'offrent à nos regards.

D'un seul bond l'imagination, *la folle du logis*, pourrait nous y conduire ; mais ne nous laissons pas tout-à-fait guider par une folle. Le moindre mal qu'elle pût nous faire serait de nous priver de quelques riants et curieux aspects qui bordent le chemin. Tenez ! le bateau à vapeur frémit d'impatience sous ce magnifique palais de la puissance municipale, l'Hôtel-de-Ville, le somptueux successeur du parloër aux bourgeois. *La ville de Melun, la Parisienne* ou *la ville de Montereau* vont partir : montons sur un de ces rapides coches du dix-neuvième siècle.

Voici une heure à peine que nous sommes, non pas à la voile, mais à la vapeur, et déjà s'enfuit derrière nous l'irrégulier et vaste château de Conflans, qui, comme maison de campagne des archevêques de Paris depuis deux siècles déjà, a succédé à l'antique manoir de plaisance de la *ville l'Évêque*, domaine rural devenu aujourd'hui un quartier de vastes et somptueux hôtels. Le même sort est sans doute réservé pour les siècles futurs aux charmants ombrages de Conflans.

Une heure à peine encore nous conduit sous les murs enfumés d'une manufacture de faïence; mais comme cet édifice, tout délabré qu'il soit, a quelque chose du remarquable aspect des grandeurs tombées, nous demandons quel fut autrefois ce lieu : ce fut le château de *Choisy-le-Roy*, le château de *Choisy-Mademoiselle*, parce qu'avant d'appartenir à Louis XV, il était à la fameuse mademoiselle de Montpensier. Ainsi, l'humble hameau de bateliers et de pêcheurs, nommé Choisy-sur-Seine au treizième siècle, est par degrés devenu grand personnage: *Choisy-Mademoiselle*, *Choisy-le-Roi :* il a paré ses jardins des admirables statues enlevées au château de Vaux, vers lequel nous voguons ; il a eu un parc de deux mille arpents, une faisanderie royale, les appartements le plus fastueusement décorés, et tout cela pour redevenir le Choisy populaire et laborieux d'autrefois. Nous ne pouvons faire un pas dans l'histoire des hommes et des nations sans assister à ces vicissitudes.

N'est-ce pas une de ces révolutions heureuses qui, de ce château blanc et rose, assis sur ce monticule verdoyant, Petit-Bourg, a fait tout récemment un pieux et purifiant asile, une colonie agricole où de jeunes garçons viendront fuir l'air souvent fatal des villes.

Corbeil passe, puis le haut clocher du Coudray ou de Saint-Fargeau, puis le magnifique lieu de Saint-Assise. Voyez-vous à votre droite, nous dit un de nos compagnons de passage, voyez-vous ces châteaux : voici celui des *Vives-Eaux*, celui de *Bellombre*, *Dame-Marie* sur la colline, et puis dans ces bois, les ruines de l'*Abbaye-du-Lys?* Ce sont là des noms bien charmants, n'est-il pas vrai? Pour entrevoir d'une façon toute pittoresque ces ruines à travers les arbres, il faudrait être sur la crête de cette haute colline qui élève à gauche, au-dessus de la Seine, son vaste manteau de pampres semé de roches grisâtres, préludes des rochers de Fontainebleau.

Le Lys ! nous viendrons nous y reposer ; mais, avant tout, Vaux nous appelle. — Le voici, s'écrie l'homme du gouvernail en nous montrant une blanche et vaste façade illuminée du soleil, et qui, du haut d'un tapis vert tendu sur le sable comme sur une toilette, se mire dans les limpides et calmes flots de la Seine. Voici Vaux ! — Oui, sans doute ; mais ce n'est point là celui que nous cherchons. Vaux-le-Pénil, demeure d'une noble famille parlementaire, a droit à nos respects, ne fût-ce que pour son antiquité, puisqu'un Simon du Pénil était, en 1256, seigneur de ce lieu ; cependant c'est un autre château de Vaux que nous demandons, le château que créa le surintendant des finances Fouquet, le château dont La Fontaine célèbre les merveilles, le somptueux manoir dans lequel le malheureux ministre reçut, le 17 août 1661, son jeune et puissant souverain Louis XIV avec un faste qui lui fut fatal.

Quel est le pouvoir d'un grand nom! C'est un son retentissant lancé au milieu de mille échos, et tous se réveillent, tous les souvenirs se relèvent, tout le passé devient présent, et à cette voix une époque entière sort toute fraîche de la poussière des siècles pour être notre vie actuelle, par l'effet de ce que Shakspeare appelle avec génie *la magie d'un nom* (the magic of a name.) C'en est fait. A ce nom de Louis XIV, le pyroscaphe qui nous a portés jusqu'ici s'est transformé; il est à présent le coche royal de Fontainebleau qui fait, comme on sait, régulièrement chaque jour le service de Paris à la résidence chérie de François Ier, durant tout le séjour du roi en ce lieu, et le pont se montre tout à coup à nos yeux chargé d'une foule de seigneurs chamarrés de broderies et de rubans, de dames couvertes de leurs plus belles parures. C'est qu'aujourd'hui nous sommes au 17 août 1661, et toute la cour se rend au château de Vaux-le-Vicomte, où le jeune roi, entouré de sa famille, daigne aller visiter le surintendant Fouquet.

Ce jour-là on comptait huit ans à peine depuis que le somptueux ministre avait entrepris de faire du château de Vaux-le-Vicomte le modèle de Saint-Cloud, de Marly, de Versailles, et l'œuvre était d'autant plus difficile qu'à Vaux comme à Versailles le terrain était ingrat, et que l'eau, l'âme des parcs et des paysages, manquait complétement; mais que ne ferait-on pas avec un jardinier comme Le Nôtre, avec dix-huit millions surtout? Les terres de trois villages sont achetées pour former un parc immense, une petite rivière qui coulait en paix dans le voisinage sous un berceau de saules, l'Anqueil, est violemment jetée dans ce parc. Le Nôtre la divise en mille fontaines, réunit mille fontaines en un torrent, comme dit un auteur contemporain ; l'architecte Levau dresse et exécute ses devis avec toute la munificence que permet la bourse sans fond d'un surintendant ; le célèbre Lebrun broie ses couleurs, les plafonds et le dôme du salon s'animent, vivent, et de 1653 à 1660, en sept années, le château de Vaux est rendu une merveille

> . . . Digne de leurs majestés
> Si quelque chose pouvait l'être.

C'est ainsi que s'exprime La Fontaine, décrivant la fête royale à laquelle nous allons assister avec lui. Est-il un guide plus charmant que La Fontaine, auquel Fouquet payait une pension en espèces sonnantes, en retour d'une pension annuelle de vers, acquittée par quatre termes égaux. Le poëte avait donc commencé une œuvre de longue haleine destinée à solder bien des années de sa pension, s'il *n'était arrivé des choses* qui, comme il le dit, *l'ont empêché de continuer*. Ces choses, nous saurons bientôt quelles elles furent ; mais le travail qu'elles vinrent interrompre après trois ans était une description du château de Vaux.

« Comme les jardins, dit-il dans une préface, étaient (en 1660) tout nouveau plantés, je ne les pouvais décrire en cet état, à moins que je n'en donnasse une idée peu agréable et qui, au bout de vingt ans, aurait sans doute été peu ressemblante. Il fallait donc prévenir le temps... » Prévenir le temps ! pour un poëte qui avait la magique baguette de La Fontaine, rien n'était plus facile. N'avait-il pas à sa disposition fées, génies, enchanteurs, lutins, songes prophétiques, toute la cour enfin des poétiques fantaisies? Aucune de ces puissances ne désobéit à son appel, et il écrivit sous leur dictée, *le Songe de Vaux*.

Entrons donc pour assister à la fête du 17 août 1661, dans cette fastueuse résidence, qui est presque une féerie; entronsy sous la conduite du poëte qui se promet de tout observer avec le plus grand soin pour aller distraire par quelque description comme il sait les esquisser, son ami le futur chanoine Maucroix. La magnifique avenue qui conduit de Melun au château est encombrée des plus splendides carrosses, les échos des bois qui enveloppent la fastueuse habitation sont forcés de répéter d'autres bruits que ceux du cor, des aboiements de la meute, ou des cris aigus de quelque oiseau de proie ; la spacieuse avant-cour du château et les cours qui la suivent, couvertes de seigneurs et de dames, les uns et les autres brodés, enrubannés, étincelants de diamants, d'or et de pierreries, semblent telles que le dit La Fontaine dans son poétique songe, *jonchées de fleurs*. Fleurs de cette espèce et fleurs véritables, fleurs de la nature, s'épanouissent dans les jardins admirablement situés entre deux bois. Ici, le mécanicien Torelli met la dernière main aux enchantements qu'il a préparés; Lebrun donne quelques coups de pinceau encore à de merveilleuses décorations; Le Nôtre regarde avec satisfaction l'effet de la grande cascade, de cette autre chute d'eau qui, en tombant sur le gazon, représente une grille destinée à faire pendant à une véritable grille de fer placée en face, et l'allée d'eau, formée par des jets qui s'enlacent et tombent en berceau, fait qu'un sourire de satisfaction erre sur la lèvre du célèbre jardinier, tandis que Molière... Molière!... La Fontaine avait bien raison d'écrire:

> Je viens de Vaux, sachant bien que surtout
> Les Muses font en ce lieu résidence...

Molière est tout entier aux soins de la représentation qu'il va donner d'une pièce nouvelle intitulée: *les Fâcheux*. La foule circule joyeuse et animée dans ces vastes jardins, et partout le maître de la maison se montre empressé, souriant, heureux. Il ne manque plus à la fête que la présence du roi; lorsque du fond des jardins on entend une lointaine rumeur de joie respectueuse : c'est Louis XIV qui entre dans la cour d'honneur, entouré de sa mère, de Monsieur, de Madame, de tous les princes de sa famille et d'un cortége splendide de grands seigneurs. Les salons dorés que cette foule dorée traverse, en prennent encore plus de splendeur : la surintendante, le surintendant sont radieux, et à cet accueil Louis XIV répond avec une cordiale affabilité qui met au comble le bonheur du ministre. Hélas ! son ami La Fontaine ne lui avait-il point raconté quelque fable d'un riant lit de fleurs sous lequel se cache quelquefois un serpent ?

Le poëte était bien loin en ce moment de se livrer à de tristes allusions ou à de sinistres présages. Il marchait non loin du roi pendant la promenade que toute la cour faisait dans les fastueux jardins, et était aussi heureux que le surintendant des paroles d'approbation que laissait échapper le maître. Mais s'il eût été plus fin dans les choses d'intrigue, plus homme de cour, moins La Fontaine enfin, il aurait fort bien remarqué de temps à autre de passagers froncements dans les hauts sourcils du roi, surtout après quelques mots dits à son oreille par Colbert, mais le poëte se contentait de prendre des notes pour sa lettre à son ami Maucroix. « A la promenade, il y eut grande contestation entre la cascade, la gerbe d'eau, la fontaine de la couronne et les animaux, à qui plairait davantage. » Les animaux ! le fabuliste trahit sa prédilection par cette remarque.

Ces chuchotements de l'austère et intègre Colbert, on pouvait deviner ce qu'ils étaient devant un luxe qui semblait accuser le surintendant de moyens coupables employés pour subvenir à des prodigalités inouïes, et la figure de Louis XIV prenait une expression menaçante, lorsque le contrôleur des finances fut interrompu par les cris d'admiration qu'excita un aspect inattendu au détour d'une allée.

On avait dressé le théâtre au bas de l'allée des sapins :

En cet endroit qui n'est pas le moins beau
De ceux qu'enferme un lieu si délectable,
Au pied de ses sapins et sous la grille d'eau,
Parmi la fraîcheur agréable
Des fontaines, des bois, de l'ombre et des zéphyrs,
Furent préparés les plaisirs
Que l'on goûta cette soirée.
De feuillages touffus la scène était parée
Et de cent flambeaux éclairée.

Le ciel en fut jaloux...

Voici bien tout La Fontaine dans ce dernier trait. On voit, d'après cette description, qu'il était déjà nuit et que le théâtre était tout prêt : la comédie allait commencer. Le roi et la cour avaient pris place. Déjà les vingt-quatre violons de la grande bande préludaient, et le surintendant, au faîte de l'orgueil, à la pensée qu'il recevait son roi avec une telle splendeur, le surintendant plus assuré que jamais de sa grandeur et de sa puissance après un si fastueux accueil fait à Sa Majesté qui semblait y répondre par des sourires de contentement, Fouquet était dans l'ivresse, lorsqu'un valet de pied s'approche de lui en disant à demi-voix :

« De la part de madame du Plessis-Bellière, Monseigneur. Monseigneur est prié de lire sur-le-champ. »

Le surintendant prend la lettre et se retire un peu à l'écart, sous la clarté d'un flambeau que portait un therme. Pendant qu'il lit, le rideau se tire à la grande joie de La Fontaine, ainsi qu'il le révèle par son enthousiasme lorsqu'il écrit à son ami :

> Enfin figure-toi
> Que lorsqu'on eut tiré les toiles,
> Tout combattait à Vaux pour les plaisirs du roi,
> La musique, les eaux, les lustres, les étoiles.

Il n'est donné qu'à un poëte et à un poëte comme La Fontaine, de peindre d'une manière si exquise en un seul vers, cette alliance de la fête immuable du ciel, un beau firmament constellé et des passagères fêtes de la terre, les illuminations se jouant en écharpes irisées dans les flots jaillissants ; les mélodieux accords de l'orchestre se mêlant au bruit des eaux, et les lustres scintillant sous les étoiles ; aussi a-t-il dit : *le ciel en fut jaloux!*

Qui donc était jaloux aussi du bonheur de cette soirée? La paix du surintendant avait été soudain profondément troublée par le billet qu'il venait de recevoir de madame du Plessis-Bellière, son amie. Elle l'avertissait que, d'après des renseignements dont elle était certaine, il paraissait à peu près sûr que le roi avait l'intention de le faire arrêter dans son château, pendant la fête même. Fouquet avait bien entendu murmurer contre lui de sourdes accusations de dilapidations, de menées politiques même. Il savait que Colbert, à qui d'ailleurs le désordre des finances donnait beau jeu contre lui, le détestait et aspirait à sa chute ; les extravagantes prodigalités du surintendant étaient bien faites pour le rendre suspect à l'excès. Jusqu'alors, il avait suivi la méthode ruineuse et peu loyale de ses prédécesseurs : il prenait au trésor sans compter et donnait de même. Prendre et donner ainsi, c'est une folie dans une famille ; dans une société, c'est un crime d'état, et les finances étaient aussi ténébreuses alors qu'elles sont claires aujourd'hui, où chaque soir on sait la position de la fortune publique. Colbert établit le premier cet ordre dans les comptes de l'État, en donnant périodiquement à Louis XIV un agenda qui lui faisait connaître la situation des finances. Avec de tels projets de régularité probe et rigide, Colbert était un contrôleur menaçant pour Fouquet ; il le savait bien, mais il ne pouvait croire que tout ne fût pas oublié, du moins pour un jour d'hospitalité si cordiale et si généreuse. Il revint donc vers le théâtre au moment où Molière en personne, était venu tout en trouble, prier le roi d'avoir quelque indulgence pour un divertissement improvisé. On attendait le prologue composé par Pélisson, premier commis du surintendant, tendre ami qui eut pour lui plus de dévouement encore que madame de Sévigné et La Fontaine :

D'abord aux yeux de l'assemblée
Parut un rocher si bien fait
Qu'on le crut rocher en effet ;
Mais insensiblement se changeant en coquille
Il en sortit une nymphe gentille...

Et la naïade, s'avançant au milieu de vingt jets d'eau naturelle, prononça avec grâce les vers de Pélisson adressés au roi et dans lesquels il lui rend grâces de ce qu'il fait :

Aussi *doux* que sévère, aussi puissant que juste,
Régler et ses états et ses *propres désirs*.

N'y a-t-il pas lieu de croire, d'après ces expressions, que ce prologue était en même temps une noble prière, et que Pélisson soupçonnait quels étaient les secrets *désirs* du monarque. Avec quelle inquiète attention il suivait les mouvements du visage de Louis XIV, et avec quel bonheur il le vit se dérider à l'aspect des arbres et des thermes s'ouvrant par un artifice tout nouveau, pour donner passage à des génies, à des nymphes, futurs acteurs de la comédie. Puis à chacun des nouveaux *fâcheux* qui apparaissait, le roi donnait de plus en plus des marques de satisfaction et d'applaudissement. Comment, en ce moment où le cœur s'épanouit en bons rires, pourrait-il songer à un acte de trahison et de vengeance, d'austère justice même! C'est ce que se disait Pélisson dans son anxiété : c'est ce que pensait aussi le surintendant poursuivi, au milieu de ces fêtes et malgré tout ce qu'il put se dire, par le *fâcheux* le plus insupportable, le tourment secret, concentré, se redoublant par la compression et aussi par le contraste de la joie et des éclats de rire qui lui déchiraient le cœur. Pendant le premier entr'acte, une sourde rumeur s'était répandue parmi les assistants, et l'on semblait s'attendre à quelque chose de triste.

Cependant le second acte de la comédie arriva à son terme et l'hilarité de l'assemblée était au comble, d'autant plus que le roi en donnait le signal. L'entrée de ballet, composée de joueurs de boules et danseurs qui viennent entourer Éraste, la victime des fâcheux, et l'enlacer dans les mille positions que leur jeu leur fait prendre, réjouissait infiniment Louis XIV, lorsque, dans un moment de silence, on entendit un bruit lointain de tambours, et le bruit se répandit que c'étaient les mousquetaires qui étaient commandés parce que le roi devait aller passer la nuit à Fontainebleau. Cette raison sembla satisfaisante aux indifférents, mais Fouquet, Pélisson, et bien des amis du surintendant, durent concevoir des soupçons sinistres.

La pièce finit toutefois au milieu d'applaudissements unanimes, et la figure du roi était assez riante en ce moment pour jeter une sorte de reflet de sourire sur les traits graves, moroses, et sous les noirs sourcils de Colbert; mais cela ne dura point, et lorsque, après le feu d'artifice qui se confondait admirablement avec les fontaines jaillissantes, torrents, pluies de feu, jets d'eau, jets de flamme, on passa dans le salon, l'orage devint de plus en plus imminent. Le luxe inouï de ces appartements plus resplendissants d'or que la cour du roi, excita de nouveaux chuchotements de la part de Colbert, et les compliments que Louis XIV adressait à Fouquet sur ce luxe avaient quelque chose de l'accent de la menace. Les seigneurs voyaient avec inquiétude ou satisfaction, selon qu'ils aimaient ou détestaient le surintendant, Colbert faisant remarquer à l'austère monarque les emblèmes les moins équivoques. L'écureuil, type des armes parlantes du surintendant, car en Anjou un écureuil s'appelle un *Fouquet*, l'écureuil devenu constellation dans le ciel peint par Lebrun, se montrait de toutes parts avec la devise ambitieuse : *où ne monterai-je pas ?* (QUÒ NON ASCENDAM ?)

En fallait-il plus pour irriter le jaloux orgueil du roi et donner à ses yeux une apparence de réalité aux projets d'ambition dont était accusé le surintendant ? Colbert ne manqua pas sans doute d'éveiller sur ce point l'attention du roi, surtout lorsqu'il eut remarqué avec un profond dépit une allusion transparente. Partout, sur les frises, sur les corniches, le long des seize arcades du salon et dans le dôme qu'elles soutenaient, l'écureuil de Fouquet poursuivait avec outrance la couleuvre (*coluber*), rébus en blason de Colbert, qui n'aurait vraiment pas eu besoin de ce trait d'esprit héraldique pour être noble ; il l'était par ses talents, son génie, son intégrité et son patriotisme.

Une pareille menace ou satire en peinture irrita Louis XIV autant que Colbert, et ce ne fut pas sans terreur que Pélisson et Fouquet virent le redoutable monarque pâlir, froncer le sourcil après avoir lancé à Fouquet un coup d'œil qui le foudroya, et s'approcher de la reine-mère pour lui parler à l'oreille. Anne d'Autriche ne put retenir en ce moment un geste de surprise, en regardant Fouquet, puis sa figure prit une expression de bonté, de commisération presque de prière, tandis qu'elle répondait à son fils en le retenant par la main. L'attente, l'anxiété de la splendide réunion étaient au plus haut point.

En ce moment on vint annoncer que le souper était servi, et il est permis de supposer que La Fontaine y fit honneur avec tout l'enthousiasme qu'il exprime quand il dit :

> Et le régal eut des beautés
> Dignes du lieu, dignes du maître.

Mais ce repas qu'il fut long! que d'angoisses le surintendant eut à cacher sous les apparences du bonheur et de la gratitude qu'il était officiellement contraint de témoigner au roi! Que d'anxiétés! que de poignantes inquiétudes au milieu des sourires de l'hôte! La somptuosité de sa collation qui dans une autre circonstance eût réjoui son orgueil, ce faste qui avait coûté cinquante mille écus, le faisait frémir comme un nouvel acte d'accusation, comme un arrêt contre lui. Cependant le souper se termina, les cent cinquante mille francs avaient été engloutis en une heure, et Louis XIV, la reine-mère, Monsieur, Madame, toute la cour, quittèrent le château de Vaux, où Fouquet restait encore en liberté, grâce au respect filial du roi qui, avant de faire arrêter le surintendant, avait consulté sa mère. Anne d'Autriche empêcha son fils de commettre ce soir-là un acte qui eût été bien cruel.

Ce fut pour bien peu de temps du reste

que Fouquet put encore respirer l'air libre car, dix-neuf jours après cette fête, le roi l'ayant emmené à sa suite à Nantes, pour l'ouverture des États de Bretagne, le fit arrêter dans cette ville, et la commission que d'Artagnan, le commandant des mousquetaires, avait reçue le 17 août, il l'exécuta le 5 septembre en ramenant à Paris, au milieu de cinquante hommes, le surintendant disgracié. Ce fut en vain que Pélisson, incarcéré comme son maître et son ami, écrivit pour lui les plus éloquents plaidoyers, en vain que madame de Sévigné usa en sa faveur d'une influence dont elle montre l'activité dans une suite de lettres adressées durant le procès de Fouquet à M. de Pomponne. Le roi n'écouta ni madame de Sévigné ni Pélisson, non plus que les nymphes de Vaux, qui l'imploraient par la touchante poésie de La Fontaine :

Au titre de clément rendez-le ambitieux,
C'est par-là que les rois sont semblables aux dieux.

Ce courageux conseil du poëte au monarque ne fut pas davantage exaucé ; en 1664, après un long procès, Fouquet sortit de la Bastille pour aller s'ensevelir vivant dans le château de Pignerol.

Peu d'années s'étaient écoulées depuis les jours fastueux de Vaux-le-Vicomte, que déjà l'éclat de cette demeure disparaissait. « J'avais couché à Vaux, dit ma« dame de Sévigné, dans une lettre du 1er « juillet 1676, j'y trouvai toutes les fon« taines muettes et sans une goutte d'eau, « parce qu'on les raccommodait. » Elles sont plus que muettes aujourd'hui ; dès la fin du dix-septième siècle le duc de Villars cessa d'entretenir les cascades ; les statues passèrent, ainsi qu'on l'a vu, au château de Choisy tombé lui-même ; les jardins furent bouleversés et Vaux-le-Vicomte, devenu Vaux-Villars, est à présent Vaux-Praslin, parce qu'il appartient à la famille de ce nom. De toutes les splendeurs de cette époque il ne reste dans ce lieu qu'une trace, *la chambre de La Fontaine* ; car il n'est rien de plus durable que la mémoire du génie, si ce ne sont les souvenirs religieux.

Et ils sont encore tout vivants dans la contrée, les souvenirs de l'abbaye du Lys, dédiée par la reine Blanche et son fils, en 1248, à Notre-Dame, *parce que*, comme dit un annaliste de Melun, l'*assiette du lieu se nommait* Dame-Marie ou Donne-Marie (*Domina Maria*). Calme et pieuse retraite, allons nous y reposer des heures de splendide joie et d'agitation secrète du château de Vaux. Le Lys était une fondation chère à Saint-Louis, parce qu'elle était aimée de sa mère qui habitait le château de Melun pendant la croisade ; aussi combla-t-il ce monastère de bienfaits de toutes sortes, et pour assurer aux religieuses Bernardines de Cîteaux, cloîtrées au Lys, des provisions suffisantes de bois pris dans la forêt de Bièvre, aujourd'hui Fontainebleau ; pour leur donner la nourriture au moyen du froment qu'il récoltait sur ses terres de Corbeil, Louis IX expédia des lettres-patentes, des lettres d'affranchissement en 1651 et 1652, au milieu même de ses champs de batailles de la Palestine, de Joppé et de Césarée.

L'abbaye du Lys pouvait bien alors se parer de son premier nom, Notre-Dame-la-Royale, puisque le roi y pensait du fond de la terre sainte ; pensées bénies venues du sépulcre divin ! La reine Blanche, qui y faisait quelquefois résidence, voulut y assurer, après sa vie, un plus long séjour à son cœur ; il y fut déposé sous une tombe soutenue par quatre piliers de marbre blanc.

D'autres princesses, d'autres grandes dames eurent au Lys leurs stalles d'abbesse ou leurs tombes : des princes enfin y voulurent être inhumés après y avoir laissé la trace de leurs pas, et à cent ans de la fondation de ce saint monastère, Philippe de Valois signait, le 2 janvier 1348, des lettres datées du Lys, ce qui n'empêcha point, en 1353, les Anglais et Navarrois de porter le ravage dans l'abbaye, le jour même de la mi-août, au moment où l'on célébrait la fête de Marie.

Les déchirements de la Ligue que l'on a, par une association de mots impie, nommée guerre de religion, portèrent à leur tour un grand trouble dans la calme communauté. L'abbesse de cette époque, Catherine de la Trimouille, eut à passer plus d'une journée d'angoisse, et enfin elle laissa le monastère dans un état déplorable à Françoise Lescuyer, prieure, puis abbesse en 1638. Femme bonne et tendre, *consumée par la charité*, suivant l'expression d'une de ses panégyristes, elle ne renfermait point ses vertus dans l'étroite enceinte du cloître : *son abbaye était l'hôpital général.* « Allez, disait-elle chaque matin à ses serviteurs, allez le long des haies, sur les chemins, et contraignez les boiteux, les aveugles, les malades de venir à moi ! » Alors on voyait souvent jusqu'à quinze cents pauvres affluer dans les cours de son monastère, et plus d'une fois elle leur donna les derniers pains de la maison. Oh ! certes, de tels anges ne devraient pas quitter la société où ils trouveraient à étendre plus amplement leurs ailes.

Aussi Françoise Lescuyer était-elle aimée autant que vénérée par Anne d'Autriche, et la bonne religieuse ayant témoigné le désir de faire un soleil radieux de l'ostensoir de bois où reposait l'hostie, la reine-mère lui envoya ses plus beaux diamants; Monsieur y ajouta ceux d'une croix de chevalerie, et, de son lit de mort, une des duchesses de la suite de la reine fit parvenir à Anne d'Autriche d'étincelantes boucles d'oreilles, afin de consacrer les joyaux mondains qu'elle laissait ici-bas à l'usage pieux que méditait l'abbesse du Lys. Alors avec ces pierreries fut fait un soleil resplendissant, et un jour, le lendemain peut-être de la fête de Vaux, la reine-mère avec toute sa cour vint assister à la translation de ce merveilleux ouvrage de joaillerie qui devint une chose sainte en touchant l'autel, au milieu de la procession de quatre-vingts religieuses du Lys.

Et quelquefois, le soir, quand le soleil d'automne approchait de son déclin, j'aimais à errer sur la côte qui domine le cours de la Seine et découvre le village de Dame-Marie, Bellombre, où fut un château que la reine Blanche habita, car la reine Blanche, cette grande et sainte figure, la reine Blanche est partout, et enfin, à travers les arbres à demi dépouillés d'un parc, les arcades encore blanches de l'église du Lys, qui fut autrefois d'une blancheur digne de son nom. Contemplant avec respect ces piliers encore debout, et, pour reposer ma pensée des agitations de Paris ou des tumultueuses splendeurs de Vaux, peuplant par le souvenir la nef et le sanctuaire qu'ils formaient et protégeaient, il m'arrivait souvent d'oublier les heures, puis, aux derniè res lueurs du couchant, il me semblait, derrière les branches agitées par la brise frémissante du soir, voir dans l'église du Lys, qui n'a plus de voûtes, se soulever les dalles, de vagues figures sortir des tombes, puis une longue et blanche procession serpenter sous ses ailes ruinées : ce n'était qu'un rayon de lune !

L'HOTEL SAINT-PAUL.

L'ÉGLISE DES CÉLESTINS.

LES TOURNELLES. — L'ARSENAL.

Depuis que nous sommes entrés dans notre carrière de résurrections historiques et de restaurations soit physiques, soit morales de nos vieux monuments religieux ou civils, jamais plus rude tâche qu'aujourd'hui n'aura été imposée à nos souvenirs, à notre pensée rétrospective, à notre imagination enfin. Nous voici en présence ou d'un anéantissement absolu, accompli il y a des siècles, ou de ruines telles qu'elles équivalent à une complète disparition. Des rues populeuses et de mesquines maisons ont remplacé les jardins et les palais : des casernes font entendre leurs tambours, leurs clairons, leurs piétinements de chevaux, leurs marches belliqueuses, là où l'on méditait dans le cloître, là où l'on célébrait de silencieuses matines. Afin de retrouver le passé tel qu'il fut et dégagé du présent, le mieux est d'employer, en quelque sorte, la méthode par laquelle Descartes, pour voir face à face et dans sa simplicité native son esprit qu'il voulait interroger sur les plus hauts mystères de l'entendement et de la génération de la pensée, le dépouille par l'effort de son génie de toutes les idées acquises depuis l'enfance. Comme le grand philosophe, détruisons pour essayer de reconstruire.

Sous nos yeux s'étend une vaste enceinte cultivée, et que par cette raison on nomme Culture ou *Coulture* Saint-Eloi. Souvenir étroitement lié au souvenir du *bon roi Dagobert, le grand Saint-Eloi* a reçu du monarque le don de ce terrain et l'a consacré en partie à protéger les dépouilles mortelles des trois cents religieuses placées par lui dans un monastère de la cité, sous la direction de la vierge Sainte-Aure. Ce sol funèbre et désert ne prend-il pas déjà quelque chose de suave et de souriant au doux nom de la sainte abbesse : Aure, *aura*, le mot latin qui signifie *brise et zéphir?* Il nous semble l'entendre murmurer dans les hautes gerbes du champ du repos, et si nous passons là pendant la nuit de la sainte Aure, notre oreille est caressée par un chant pieux, grave venu l'on ne sait d'où; c'est le *Veni Creator*, l'hymne de l'Esprit-Saint; puis le matin, quand le soleil se lève, nous voyons le cimetière tout entier couvert de lys, la fleur virginale.

Comment une telle merveille, attestée par les récits de veillées du bourg Saint-Eloi, ne donnerait-il pas l'idée de construire là une chapelle? Aussitôt s'y élève la chapelle Saint-Paul : le village Saint-Eloi prend le nom de ce religieux édifice : avec les années l'humble oratoire que l'on nommait *Saint-Paul-des-Champs*, est le centre autour duquel se groupent des maisons, des hôtels ; c'est ainsi que la religion est le foyer de tout ici-bas, et deux siècles sont écoulés à peine que la chapelle, devenue église, arrondit en berceau son portail, au-dessus duquel s'enlacent deux anges, et lance dans les airs sa remarquable tour du beffroi.

C'est que la simple chapelle de campagne est à présent paroisse royale. Le sage roi Charles V, délaissant ses palais de la cité, du Louvre ou de Saint-Germain, s'est fait près de Saint-Paul un manoir immense, une ville royale, un véritable palais d'Orient, embrassant dans les étreintes d'une forte muraille garnie de tours qui se dressent comme autant de sentinelles, plusieurs hôtels, et entre autres celui de l'abbé de Saint-Maur, celui de l'archevêque de Sens dont nous parlerons plus bas ; il a créé sur ce terrain vague qui n'était, il y a trois siècles, que la culture Saint-Eloi, le vaste et splendide hôtel Saint-Paul. Là, toute la cour du roi et de la reine, tous les princes, et la maison de chacun d'eux, trouvent d'amples demeures dans les divers hôtels particuliers dont s'est formé le palais; de somptueuses tentures se drapent sur les murailles de la chambre de parade dans laquelle on voit, sous un dais, le trône royal. La chambre où *gist* le roi, éclairée par deux miroirs d'argent d'un poli admirable, est en grande partie occupée par son lit de drap d'or, sa couche de douze pieds carrés, car si elle n'avait que la moitié de cette grandeur, ce serait une *couchette*. Avec un pareil diminutif on ferait de nos jours deux bons et larges lits. La salle *où l'on mange* étale au soleil ou à la splendeur des torches ses dressoirs chargés de vaisselles d'or et d'argent, et la magnifique table se couvre de ses ampoules, de ses gobelets, de ses salières, de ses pots ciselés, le tout en or enrichi de pierreries, service fastueux au-dessus duquel s'élèvent, à chaque bout, deux châteaux à tourelles, et, au milieu, une soupière en forme de *nef* ou de navire. On n'attend plus pour le festin que le roi Charles V et la reine, Jeanne de Bourbon, près de laquelle va prendre place le prud'homme, dont les fonctions consistent à causer avec elle pendant le repas. Le roi a un *fou*, la reine un *homme sage* ou *prud'homme* (homme prudent), car telle est la signification de ce mot composé.

Et si les appartements consacrés aux cérémonies et aux banquets ont une telle splendeur, quelle est celle dont brille chacune des nombreuses chapelles construites dans l'enceinte du palais! Ici s'élèvent les statues de pierre des douze apôtres, portant robes et manteaux rehaussés d'or, d'azur, de vermillon et du vert éclatant du sinople; là étincelle la *croix des vendredis*, qui est d'or, garnie de rubis et de perles, et la Notre-Dame d'or, ayant à droite et à gauche deux beaux anges d'argent, rare ouvrage de joaillerie, que protége un tabernacle semé de pierres précieuses à profusion.

Où sont à présent tant de splendeurs? Qui pourrait dire en quel endroit s'étendait la grande cour des joutes, où durent se célébrer de si magnifiques tournois après le baptême de Charles VI en 1368, dans l'église de Saint-Paul? Où est *la chambre du retrait* dans laquelle le roi venait s'abandonner à de pieuses méditations? Qu'est devenue la chambre de l'*estude*, le cabinet où se formait le germe de la bibliothèque royale, trésor naissant que Christine de Pisan venait, au déclin de chaque année, augmenter par l'hommage d'un nouvel écrit? Où trouver les tapisseries somptueuses de la vie de saint Denis, de la vie de Theseus, le tapis des sept péchés mortels, celui des neuf preux et celui de la reine d'Irlande? Cette galerie, merveilleusement peinte, qui représentait une allée d'arbres de toutes sortes, chargés de fruits et entremêlés de roses, de lys, de mille fleurs que cueillaient de gracieux enfants ; cette galerie, dont une volée d'anges voilait à demi le ciel d'azur, passage merveilleux qui conduisait du logis de la reine au logis du roi, cette galerie qu'est-elle devenue? Hélas! ce que deviennent toutes choses. L'hôtel de Sens, que, dit-on, elle traversait, le palais archiépiscopal de l'un des primats des Gaules, est aujourd'hui une maison de *roulage accéléré pour tous les pays*, et là, au-dessus du portail ogive, entre les deux tourelles suspendues où se déployaient les armoiries du prélat, on lit une enseigne d'auberge : *A la ville de Clermont*. Une seule des fondations de Charles V, au lieu de tomber, s'est élevée merveilleusement et a prospéré pendant que toutes les autres croulaient; c'est la bibliothèque, c'est l'esprit, c'est l'intelligence, l'âme survivant à la chute du corps.

Voyez, du reste, comme les souvenirs des générations sont peu sûrs! Il n'est pas un historien qui puisse bien nettement affirmer que le présent hôtel de Sens soit ou ne soit point celui qui fut le noyau de l'hôtel Saint-Paul, tandis que, grâce aux noms des rues actuelles, l'on en sait davantage sur ce que furent les distributions intérieures du royal édifice tout-à-fait détruit depuis trois siècles. Et pourtant, par édit de 1364, Charles V avait dit : « Nous voulons et ordonnons que... notre dessus dit *hôstel solennel des grands esbattements*, où nous avons eu plusieurs plaisirs, acquis et recouvré à l'aide de Dieu santé de plusieurs grandes maladies, soit et demeure *à toujours*, *perpétuellement* héritage de notre royaume et de la couronne de France. » *A toujours! perpétuellement!* ces mots ne sont-ils pas insensés dans la bouche d'un homme, fût-il même investi d'une puissance absolue ici-bas? Le sort de l'hôtel Saint-Paul a répondu comme disent les Arabes, *dans le langage du fait (fy loghat el hâl)* et, chose remarquable, ce palais, dont Charles V voulait faire un apanage perpétuel à la couronne, ce fut par la couronne même qu'il fut détruit. En 1516, un siècle et demi à peine après sa fondation, François Ier en ordonna la vente, et il tomba.

Mais non point, ainsi que nous l'avons dit, sans laisser en quelque sorte son plan tracé dans la désignation des rues dont fut alors sillonné le vaste emplacement. En errant dans le quartier Saint-Paul, pour peu que l'on soit éclairé par les antiques ressouvenirs d'autrefois, on peut retrouver son chemin et se figurer que l'on se promène dans les diverses parties de l'hôtel royal. Son entrée principale s'ouvrait sur le quai, devant une rive admirable : la Seine, sur le premier plan, puis la verdoyante île Louviers, l'île Saint-Louis, qui n'était point bâtie encore, et au-delà le bourg Saint-Victor, dont le Jardin des Plantes nous a conservé une vaste portion, fraîche et riante campagne au milieu des plus sales rues. Cette entrée du palais a disparu avec le palais même; mais prenons pour point de départ l'hôtel de Sens, et traversons la rue Saint-Paul où l'église royale s'élevait encore il n'y a pas de nombreuses années. Ne vous semble-t-il point entendre en avançant de tonnantes voix et des rugissements profonds? Regardez cette plaque bleue appliquée à l'angle de la muraille et voyez ce qui s'y lit en blanc : *Rue des Lions*. Vous passez près du lieu où fut la ménagerie des lions, petits et grands, que Charles V aimait à entendre rugir en contraste avec le suave roucoulement des tourterelles qui peuplaient ses volières. Prenez à gauche, et des cours de la ménagerie vous entrez dans les jardins qui alors étaient des vergers, bien plus que des parterres, et une riante tonnelle, formée par les pampres les plus abondants et chargée des raisins les plus dorés, s'arrondit en berceau au-dessus de votre tête; c'est le *Beautreillis*, ce sont les vignes enlacées sous lesquelles aimait à se promener, pendant la chaleur du jour, le sage roi Charles V. Puis, quand le soleil était à son déclin, il passait dans ses riches avenues de cerisiers (sa *cerisaie*) et de là contemplait un clocher qui perçait les airs, chantant quelque pieux appel : le clocher de ses bien-aimés Célestins.

« Maison autant noble en architecture que glorieuse en cloîtres et jardins, » dit André Duchesne; il n'en reste plus que la nef croulante et le pignon à demi ruiné qui s'élève au-dessus du portail pour tomber d'un jour à l'autre. Pourtant ce portail était orné de deux royales statues, ses gardiennes : celle de Jeanne de Bourbon, femme de Charles V, celle de ce roi tenant en main le plan de l'église qu'il venait de faire construire. Charles VI affectionnait l'ordre des Célestins, et son frère, Louis d'Orléans, après avoir passé dans leur monastère une grande partie de sa vie, vint s'y reposer du sommeil éternel dans lequel il fut violemment plongé par la catastrophe funeste du 23 novembre 1407.

Comme l'ont écrit mille historiens, le soir de ce jour-là il revenait de l'hôtel Barbette, occupé alors par la reine Isabeau de Bavière. Il se dirigeait vers l'hôtel Saint-Paul, lorsqu'au bout de la rue de la Poterne Barbette il fut assailli par les sicaires de Jean de Bourgogne, percé de coups, et le massacre fut tellement horrible que le lendemain on trouva sa main droite gisante *emmy la rue*. Marguerite-la-Béguine, scellée dans les murs épais du reclusoir de l'église Saint-Paul, dut entendre la rumeur qu'à cette heure, ordinairement si calme, cet affreux événement répandit dans le quartier.

Le cadavre mutilé fut aussitôt après le meurtre transporté en l'hôtel du maréchal de Rieux, puis à l'église prochaine des Blancs-Manteaux, et le lendemain conduit en grande pompe aux Célestins, ainsi qu'il l'avait ordonné par son testament plein de dispositions charitables : « Pour les pauvres aveugles et autres *mes-aisés* qui ne peuvent rien gagner. » A côté de ces volontés pieuses il avait exprimé celle-ci : « Je veux et ordonne qu'en habit de Célestin je sois mis sur une claie à la pure terre, sans aucune chose mettre sur ladite claie, et au milieu du chœur de l'église desdits religieux Célestins, ayant mon visage et *mes mains* découverts. » Ses mains, on ne put en exposer qu'une.

Et avec quel mystérieux intérêt et quelle superstitieuse terreur on se racontait alors dans le quartier comment, quelques jours seulement avant sa mort, le prince avait reçu du ciel un sinistre et miraculeux avertissement! Suivant sa coutume, pendant l'Avent, il était allé chez les Célestins pour assister à leurs matines, et, dans la cellule qu'il avait près du dortoir des religieux, il attendait l'heure du nocturne office; enfin, cette heure venait de sonner lentement, et les douze coups prolongeaient sous les voûtes du cloître leurs bourdonnements lugubres. Il obéissait à cet appel, lorsque de derrière un pilier il vit tout à coup apparaître devant lui la Mort! la Mort brandissant sa faux, et prononçant d'une voix creuse ces menaçantes paroles : Je prends jeunes et vieux !

Il venait sans aucun doute de se livrer dans sa cellule à des méditations funèbres qui prirent un corps à ses yeux troublés. Quoi qu'il en soit, effet de la peur ou pressentiment lugubre, trois jours après Louis d'Orléans au cercueil était apporté aux Célestins, en grande pompe mortuaire, suivi de tous les princes, même de son assassin, le duc de Bourgogne ; et bientôt s'éleva sur ses dépouilles mortelles le somptueux tombeau à deux étages où vinrent le rejoindre ses enfants et sa femme, la tendre Valentine de Milan, épouse dévouée dont les derniers jours ne furent qu'un infatigable appel à la justice au nom de son mari assassiné par deux glaives : le fer et la calomnie. Mausolée splendide, la mort l'eût bientôt entouré de pompeuses sépultures où se lisaient les plus grands noms : Charles VI, François duc de Bretagne, Louis XII, Chabot l'amiral de France, Henri II, le connétable Anne de Montmorency, N.... de France, enfant de Henri IV et de Marie de Médicis, innocent mort avant d'avoir reçu son nom avec le baptême. Combien d'autres grands issus du sang royal ou de leur grandeur personnelle, reposaient dans cette enceinte ! « Après Saint-Denis, dit un écrivain du temps où les Célestins étaient debout encore, il n'y a pas d'église qui ait autant de tombeaux illustres. »

Parmi les noms que nous venons de prononcer, il en est un qui réveille des souvenirs liés étroitement au sujet qui nous occupe, c'est le nom de Henri II. Frappé d'une mort violente, non comme Louis d'Orléans par la main d'un assassin, mais par celle d'un ami, d'un adversaire de jeu, il tomba dans les lices qui s'étendaient entre l'hôtel Saint-Paul, déjà délaissé depuis François Ier, et le palais des Tournelles, ainsi nommé à cause des tourelles nombreuses qui l'entouraient et le formaient. Ce palais, consacré par de bien tristes souvenirs, fut d'abord habité par le roi d'Arménie, que les Turcs avaient renversé de son trône; ensuite Charles VI y vint souffrir d'une démence que pouvaient seules calmer Valentine de Milan et Odette de Champdivers; puis au malheureux monarque succéda dans ce lieu l'étranger qui gouverna et opprima la France, le duc de Bedford; et enfin Henri II vint y rendre le dernier soupir quelques jours après une fête fatale. Catherine de Médicis abandonne tout aussitôt ce palais néfaste, et au moment où il tombait pour être remplacé par les majestueux édifices qui forment la Place-Royale, la construction du palais des Tuileries commençait, en 1564. La rue des *Tournelles* et la rue *du Parc-Royal* sont les seules traces qui restent de l'hôtel des Tournelles et de ses jardins.

Charles V fut du nombre des rois constructeurs, on l'a vu, et les édifices de Saint-Paul, des Célestins, de Saint-Germain-en-Laye, des Tournelles en rendent témoignage. C'est aussi sous son règne que la Bastille Saint-Antoine fut construite, ainsi que le dit André Duchesne, « contre les Anglais, et aussi les écoliers qui passaient les limites de l'université pour vaguer et porter les effets de leur téméraire jeunesse jusque dans la ville. » Il est curieux d'ajouter que cette forteresse, élevée en grande partie avec les pierres d'une porte de la culture Sainte-Catherine renversée pendant les troubles de 1382, ayant elle-même été jetée bas en 1789, les mêmes pierres servirent à la construction du pont de la Concorde. Une histoire des vicissitudes des matériaux des monuments serait assez piquante.

Il était naturel que l'arsenal fût près de

la forteresse ; aussi l'une des tours de l'enceinte de Paris, la tour de Billy, fut-elle le dépôt des poudres et projectiles de guerre jusqu'en 1538, que la foudre l'ayant frappée, deux cents tonnes ou *caques* de poudre à canon s'allumant à la fois, lancèrent les débris de la tour jusqu'au bourg Saint-Antoine, au bourg Saint-Victor, et six des magnifiques vitraux des Célestins furent détruits par l'explosion, entre autres celui qui représentait la sombre vision de Louis d'Orléans. Les vitraux furent réparés par François Ier, mais la tour était anéantie, et pour la remplacer Henri II fit construire près des Célestins deux édifices que l'on nomma les Halles ou *granges* de l'Arsenal, destinées à la fonte des canons et des boulets. Il est probable que ces fabriques d'instruments de destruction et de mort s'élevèrent sur l'emplacement d'un enclos formé par des pieux, et dans lequel, en 1398, Charles VI faisait la charité aux pauvres ; aussi nommait-on ce lieu *la Place de l'Aumône*. Combien elle venait de changer de destination !

Sous les règnes suivants les bâtiments de l'Arsenal se complétèrent ; aussi André Duchesne, annaliste contemporain de Henri IV, écrit-il : « De notre temps, M. de Rosny, surintendant et grand-maître des munitions belliques de France, n'a rien obmis de tout ce qui pouvait élever et éclaircir davantage la grandeur et le lustre de ce bâtiment qui peut seul fournir à toute heure cent canons et peut tirer cent mille coups, des armes pour armer dix mille hommes de cheval et cinq mille de pied, et tout auprès pour en payer un plus grand nombre. » Ces derniers mots s'expliquent lorsqu'on se rappelle que la Bastille était un dépôt d'argent, et que, d'après Sully, Henri IV y avait sept millions en or qui ne pouvaient être sous meilleure garde, à coup sûr.

L'Arsenal n'était point du reste à cette époque exclusivement consacré à de sombres et continuels préparatifs de guerre ; dans la quatrième des vastes cours de cet édifice était la salle des comédies, et bientôt, sous Louis XIV, les fonderies, cessant de vomir canons et boulets, firent jaillir de leurs fournaises, sous les mains des Kellers, ces bronzes admirables qui ornent les jardins des Tuileries et de Versailles; puis un siècle après, la transformation pacifique s'accomplit de plus en plus. A l'appareil de la force matérielle et brutale succéda celui de la force morale et intelligente, la belle collection de livres du marquis de Paulmy. Bibliothèque précieuse; on irait la consulter ou la visiter, ne fût-ce que pour voir le cabinet où méditait, où écrivait Sully, et ce salon du grand-maître de l'artillerie de France, du sage ministre de Henri IV, dans lequel Mignard a représenté sur un panneau l'entrée dans Paris du monarque vainqueur de la Ligue, grand événement qui fit mourir de saisissement le cardinal Pellevé au fond de l'hôtel de Sens.

Et puisque le courant de la narration nous a ramené pour un instant à cet hôtel, nous ne pouvons, en revenant à l'Arsenal, que passer devant le sombre et rigide monastère de l'*Ave Maria. Ave Maria!* Ces deux mots si doux au cœur et aux lèvres, étaient les seuls qu'il fût permis aux austères religieuses de Sainte-Claire d'échanger lorsqu'elles se rencontraient dans le cloître dont leurs pieds nus en toute saison effleuraient sans bruit les dalles glacées. Maison des veilles, du silence, du jeûne, inflexible clôture dans laquelle s'épuisaient en secret des dévouements et des abnégations dont l'exercice eût été si précieux au milieu du monde et de ses souffrances, ce couvent est devenu caserne ainsi que celui des Célestins, et certes la plus rude discipline militaire est une vie douce et aisée près de ce que fut la règle de l'*Ave Maria*.

Ainsi, nous nous efforcions de relever par la pensée tout ce qui est tombé, tout ce qui tombe, lorsque près de la ruine des Célestins nous venons de voir une ruine nouvelle que commence le marteau des démolisseurs. Déjà sous leurs coups s'écroule l'un des deux pavillons qui formaient l'entrée du grand Arsenal de la cour du grand-maître, ce portail sous lequel Sully a passé, et que plus d'une fois madame de Sévigné franchit pour aller s'émouvoir, avec toute la tendresse de son âme, au procès de son ami le surintendant Fouquet, dont nous avons montré la grandeur au château de Vaux, et dont l'Arsenal nous rappelle l'abaissement et la chute.

L'Arsenal, habité tour à tour par Sully, madame de Genlis, Alexandre Duval, retentira longtemps d'un autre nom illustre. Charles Nodier y apparaît comme une ombre aimée. Homme charmant et grave, passant avec une souplesse admirable des profondeurs réelles de l'érudition aux fantastiques hauteurs de la poésie et du caprice, il était, au milieu de la bibliothèque morte de l'Arsenal, une bibliothèque vivante, bibliothèque dont les rayons réunissaient sans les confondre la vénérable poussière de la science la plus ardue, et la poussière dorée et lumineuse que la fantaisie élève dans les sillons du soleil. Causeur plein de raison et de grâce, sa conversation était inépuisable comme le trésor des richesses que renfermaient sa tête, son esprit, son cœur. Simple en raison même de son haut mérite, bon comme la famille qui l'entourait, naïf comme ses petits-enfants, qui eurent, de sa bouche même, les prémices de ses délicieux contes de fée ; naturel parce qu'il était grand et fort, son éloge est renfermé dans un vers consacré à la mémoire du ravissant auteur du *Vicar de Wakefield*, Goldsmith, avec lequel Nodier avait plus d'un sympathique rapport.

In wit a man, in simplicity a child.

a dit de Goldsmith avec élégance, je ne sais quel poëte, et nous, servant d'écho, sinon élégant du moins exact, à l'auteur anglais, nous pourrons répéter, après avoir nommé Nodier :

Par l'esprit, homme ; enfant, par la simplicité.

Tel il fut tout entier ; tel il vivra dans les fastes de la littérature française, dans la mémoire de tous les contemporains, et surtout, ce qu'il préférait à la gloire, dans plus d'un cœur ami.

HOTEL DE CLUNY,

PALAIS DES THERMES,

ÉGLISE DE SAINT-BENOIT,

LES MATHURINS.

Voici encore un chapitre de l'histoire de Paris, chapitre immense par le fond, sinon par la forme, puisqu'à propos de quelques monuments dont il suivra les phases, il descendra des premiers jours de la ville jusqu'à nous, en serpentant à travers les événements successifs, les générations si diverses, les aspects constamment variés de quinze sciècles. Son point de départ est une époque magnifique, historiquement parlant, celle où les Romains, après avoir conquis les Gaulois, sous prétexte de protection due à leurs alliés, étaient de plus en plus conquis eux-mêmes et par les Gaulois et par les Francs, et surtout par le christianisme : transformation fondamentale à la fois religieuse, sociale, politique, la petite Lutèce, créée par les Césars siége du tribunal souverain des Gaules ; le temple de Minerve, sur le mont Leucotitius, devenu l'Église de l'apôtre saint Denys, et le doux idiome de Rome, le dialecte âpre et énergique des Francs, s'alliant au naïf Gaulois pour engendrer lentement notre belle et pure langue Française !

Ce travail de fusion était dans sa plus grande activité au IVe siècle de notre ère, lorsque Julien fut envoyé dans les Gaules en qualité de proconsul et de gouverneur général au nom de l'empereur Constance son cousin-germain. La nécessité de repousser les invasions des Barbares, pour rendre aux Gaulois leur confiance dans la domination romaine, avait décidé l'empereur à mettre à leur tête un homme d'une dignité éminente, et comme Julien était le seul digne rejeton de Constantin, il fut investi de cette mission ; mais Constance ne tarda pas à être jaloux du succès avec lequel Julien s'en acquittait : quelques années avaient suffi à ce prince pour chasser les Barbares, pour réparer les désastres causés par eux, rendre la Gaule florissante, heureuse, et se faire aimer de tous, habitants et soldats. L'empereur prenant enfin tout-à-fait ombrage, ordonna à Julien de lui envoyer, pour les conduire en Orient, la plupart des troupes qu'il commandait et qui l'adoraient, troupes composées de légions gauloises et germaniques.

Des légions gauloises et germaniques obéissant avec dévouement à un chef romain, c'était bien véritablement la fusion dont nous venons de parler, l'agrégation des éléments de la grande nation française. L'ordre de Constantin arriva à Julien un jour de l'année 360, et le lendemain matin, la population Lutécienne, du fond des étroites et peu nombreuses rues qui sillonnaient son île, entendit une immense acclamation qui descendait vers elle du haut de la montagne sur laquelle s'étageaient les édifices, les jardins fleuris, les arènes, les thermes du palais des proconsuls. L'air était frappé du son des trompettes, du cliquetis des glaives battant les boucliers et du cri, du grand cri poussé par dix mille hommes rangés autour du palais : Salut a Julien Empereur !

La résistance que Julien opposa tout d'abord à cette acclamation ne fut point inflexible, et bientôt, suivi des troupes qui l'avaient salué empereur, il se disposa à marcher contre Constance qui, de son côté, s'apprêtait à venir punir sa rébellion. L'ambition ne dut cependant pas lui faire oublier l'affection qu'il avait toujours eu pour sa *bien aimée Lutèce,* dont il a plus d'une fois célébré les *vins excellents,* les *figues exquises* et les *hivers tempérés.* Si Julien, qui avait grandi sous le ciel admirable de

Constantinople ou d'Athènes, pouvait porter ce jugement du climat du Paris d'alors, il faut en conclure que tout est bien changé. Avant de quitter ce séjour qu'il avait tant chéri, le préfet des Gaules ne dut-il pas tenir long temps un regard de regret et d'adieu attaché aux magnifiques terrasses chargées de roses et de figuiers qui se déployaient sur les flancs de la montagne Sainte Geneviève, au-dessus de son palais? Sans doute ses pas parcoururent plus d'une fois les allées des vastes jardins qui descendaient jusqu'à la Seine, jusqu'à la grosse tour du Petit-Châtelet, et croyons qu'il fut triste lorsqu'il vit pour la dernière fois couler les limpides eaux de Rungis qu'un aqueduc amenait d'Arcueil dans ses bains chauds ou *thermes*.

Telle est la véritable origine du nom du palais de Julien et, non point celle que lui donne un chroniqueur lorsque, attribuant le projet de cet édifice à Jules-César, il dit : « Adonc il fit le palais des *Termes*, ainsi appelé, par ce que là se payaient les *termes*, ou tributs. » Ce que c'est qu'un *h* de plus ou de moins dans un mot! Que mes lectrices demandent à leurs frères ce que signifient *thermes*, et elles verront de quel côté est la raison ; puis, si elles ont bonne mémoire, elles se rappelleront que nous avons, il y a longtemps déjà, en parlant de la tour de Saint-Jacques-la-Boucherie, mentionné la tradition qui faisait du Grand-Châtelet le lieu où se percevaient les tributs dus à César.

Le Grand-Châtelet avait-il été bâti par cet empereur? Cela est possible ; mais quant au palais des Thermes, les historiens n'en font pas remonter la construction au-delà de Constance Chlore qui occupa paisiblement les Gaules de 292 à 306. Julien n'aurait donc fait que venir occuper à son tour le palais proconsulaire élevé avant lui; mais c'est là qu'il avait été proclamé empereur ; là qu'il s'était fait chérir des Parisiens ; là qu'il avait écrit l'éloge de leur beau pays, et le peuple, identifiant l'homme avec la demeure, a transmis jusqu'à nous les deux souvenirs enlacés : le palais des Thermes et Julien.

Pourtant Valentinien et Gratien, ses successeurs, y résidèrent ; ils y promulguèrent même des lois, et quand Clovis, fondant le royaume de France, fit de Paris sa capitale, il habita, dit-on, le palais des Thermes en 508. Childebert y tint aussi sa cour, ainsi que la reine Ultrogothe, et les annalistes rapportent, qu'en traversant leurs jardins, les souverains de la première race pouvaient se rendre droit à l'abbaye de Saint-Vincent, ou de Saint-Germain-des-Prés, récemment substituée au temple de Cérès, ou d'Isis. Charlemagne fit, dit-on, aussi quelque séjour au palais des Thermes, et il est bien certain que le savant Alcuin y logea ; mais aucun de ces grands noms n'eut le pouvoir de déposséder du souvenir de Julien ce monument qui resta dans le domaine royal jusqu'à Philippe-Auguste, sous le nom de *Vieux-Palais,* toutefois, pour le distinguer de celui que l'on venait de construire à la partie occidentale de la cité, le *nouveau,* qui aujourd'hui est vieux depuis bien des siècles.

Le vieux palais d'alors fut donc abandonné, même par le domaine royal, car, en 1218, Philippe-Auguste en fit don à Henri, un de ses chambellans, *avec le pressoir qui y était,* moyennant un cens de douze deniers parisis. C'était mettre à un bien mince prix la proconsulaire, la royale demeure. Hélas! pauvre vieillesse! Le chambellan Henri ne la traita pas du reste avec plus de respect, et tandis qu'il vendait, sans doute plus de douze deniers parisis, les vastes dépendances du palais des Thermes, morcelant, suivant la triste coutume de nos jours, ces terres, ces jardins, ces vignes, ces bois de figuiers, le palais lui-même devenait une carrière inépuisable; le romain se transformait de plus en plus en français, et, avec les pierres de Constance Chlore et de

Julien, s'élevaient les étroites maisons de la rue Saint-Jacques, les ruelles qui y aboutissaient, et les colléges dont ce quartier se couvrait, depuis celui de Robert de Sorbonne, jusqu'à ceux de Coquerel et de Cluny.

Cluny! ce dernier nom s'unit bientôt à celui de Julien sur les ruines du palais des Thermes. Les opulents abbés du monastère de Cluny, dans le diocèse de Mâcon, voulant, quand il leur plairait, se pouvoir rapprocher de la cour, dont ils se trouvaient trop éloignés dans leur vallon entre deux vertes montagnes diaprées de vignes, et ne se contentant plus de cet immense palais abbatial dans lequel, en 1245, le pape Innocent IV logea avec deux patriarches, douze cardinaux, trois archevêques, quinze évêques, tous ayant une suite considérable, tandis que s'y trouvaient déjà saint Louis, la reine-mère, le comte d'Artois, l'empereur de Constantinople, également avec leur cour; les abbés de Cluny, qui avaient eu longtemps un pied-à-terre dans le collége fondé par l'ordre sur la place Sorbonne, achetèrent, pour se construire un fastueux hôtel, *la maison des Thermes*, qui appartenait alors à l'illustre famille des Courtenay. Ainsi, le palais était devenu maison ; mais les abbés de Cluny succédant,—bizarres vicissitudes de ce monde ! succédant à Julien-l'*Apostat*, — élevèrent presque un palais nouveau, à côté du monastère des Mathurins, dans la rue des Mathurins, nommée auparavant rue des *Thermes* ou du *Palais*, à l'époque où la rue des Maçons, qui y fait face, portait le nom de rue des *Bains* ou des *Estuves*.

Et puisque nous venons de rappeler le monastère des Mathurins, nous ne saurions passer outre sans arrêter un regard d'intérêt sur les quelques débris de murs qui restent de ce couvent, de ce cloître où vécurent, depuis saint Louis, de véritables anges de charité et de dévouement. Ces religieux, mille fois plus utiles à la société que cette congrégation de Cluny, qui avait une si splendide demeure près de leur humble monastère, les Mathurins ou Trinitaires s'étaient voués à la rédemption des captifs. Marchant à la suite des croisés, leur pieux office était de tirer des mains des Musulmans les prisonniers chrétiens. Puis, après les croisades, ils ne renoncèrent point à leur saint institut; au contraire, le développant avec une piété plus héroïque encore, les Pères de la Rédemption firent vœu d'aller chacun, une fois au moins, dans les régences barbaresques, racheter les misérables enlevés et vendus par les corsaires, et de prendre au besoin les fers de ceux qu'ils ne pourraient pas délivrer. A cet effet, des quêtes étaient faites par eux sur tous les points de la France, de l'Europe même; et, quand la charité publique les avait munis de sommes suffisantes pour briser les chaînes d'un certain nombre de malheureux, ils s'embarquaient pour Tunis, Alger ou Maroc, avec l'incertitude du retour, avec l'assurance qu'ils marchaient vers des persécutions et des avanies sans nombre. Mais que leur importait? Ils allaient accomplir une belle et divine mission.

Des traverses et des douleurs infinies les attendaient en effet sur ce champ de bataille de la charité. Il est impossible de lire sans attendrissement les récits des rédemptions de captifs, entravées par les mille persécutions que soulevaient autour des courageux rédempteurs l'avarice et le fanatisme des deys, des beys, des bachas, leur disputant, avec une cupidité renforcée de haine de religion, les corps et les âmes des malheureux esclaves; mais aussi à la peine succédait la joie, à l'humiliation le triomphe; et ce triomphe se renouvelait dans chacune des villes que traversait le cortége; puis, quand il arrivait à Paris, c'était une cérémonie à la fois pompeuse et bien touchante. Ce jour-là, les habitants de l'hôtel de Cluny voyaient, dès le matin, les religieux mathurins quitter leur cloître croix levée, cierges allumés, pour aller jusqu'à la Bastille Saint-Antoine au-devant des pères rédempteurs et des captifs. En tête de la procession marchaient deux bedeaux aux robes mi-partie rouges et violettes, et des archers de la ville ayant leurs casaques ou hoquetons d'ordonnance, et armés de leurs hallebardes. Derrière ces soldats, trois novices en flottantes aubes d'une blancheur éblouissante, entre leurs mains la haute croix scintillante au soleil et les cierges dans des flambeaux d'argent, venaient, précédant quatre-vingts confrères de Notre-Dame-de-Bonne-Délivrance, pieds nus, vêtus d'aubes de lin, coiffés d'une couronne de verdure, et tenant d'une main une branche de laurier, symbole de la victoire remportée par la charité chrétienne, tandis que l'autre main portait un gros cierge; puis les religieux en chappes terminaient la marche, que fermait une nouvelle barrière mouvante hérissée des hallebardes des archers. Cette procession traversait toute la ville en chantant des hymnes, et, arrivée à la Bastille, elle y rencontrait, sortant d'un monastère voisin, une troupe de jeunes enfants en aubes et rochets du lin le plus fin et le plus blanc, ayant au cou des *fraises bien tirées*, des chapeaux de laurier verdoyant, et aussi à la main une branche de laurier, tandis qu'aux pieds ils avaient des escarpins blancs avec nœuds de rubans rouges et bleus; ces deux couleurs étaient celles de la rédemption des captifs. A l'élégance du costume de ces enfants qui, dans la pensée publique, représentaient des anges, on doit penser qu'ils étaient de familles riches, qui se disputaient la faveur de les faire figurer dans cette solennité.

Et, du fond de la foule se pressant sur les pas de la procession, protégée à grande peine par la double haie d'archers qui la bordaient, bien des fois sans doute s'élevèrent des soupirs, des vœux, des prières.

Une mère, une sœur, une épouse dont le mari, le frère, l'enfant avaient disparu depuis de longues années, se disaient, en regardant cette sainte marche des Mathurins : « O mon Dieu ! s'ils allaient au-devant de ceux que nous avons perdus ! Si les Pères nous les ramenaient, quelle joie ce serait dans nos maisons ! » Une fois cette espérance à demi éclose dans les cœurs des pauvres femmes, elles suivaient le cortége avec une impatiente ardeur; et comme elles s'élançaient des premières vers les captifs et les rédempteurs au moment où, à la porte Saint-Antoine, les religieux donnaient leurs plus tendres bénédictions à leurs frères enfin de retour !

Pour elles, c'était bien en vain désormais que les corps de musique de Notre-Dame et de la Sainte-Chapelle faisaient entendre leurs accents les plus beaux, et que les trompettes, portant des banderoles bleues et rouges, aux armes du roi et du pape, élevaient dans l'air leurs fanfares triomphales;

qu'importait à ces femmes que les musiciens, revêtus de leurs « surplis et aulmu-
« ces, fissent des résonnances si ravissan-
« tes que les doux airs en enchantaient
« l'oreille ? » Elles ne vivaient plus que par leurs yeux attachés et comme enchaînés à la longue file de captifs qui commençait à se dérouler devant elles.

« Ces pauvres gens hâves, basanés et
« couverts de haillons de Barbarie, dit un
« annaliste témoin d'une de ces proces-
« sions, ces malheureux portant chacun sa
« chaîne sur son épaule, tiraient les soupirs
« et les larmes du cœur par les yeux des
« regardants : tel les disait bienheureux
« d'avoir été tirés de l'esclavage, un autre
« compatissait à leurs misères passées ou à
« celles des misérables qu'il avait fallu lais-
« ser dans les fers. »

Ces émotions, qui eût pu les éprouver plus vives que cette épouse, cette mère, cette sœur, à mesure que passaient les esclaves et qu'elles ne reconnaissaient point de visages aimés? Depuis le premier des captifs, qui marchait sous la bannière de la rédemption, où était peint un ange en habit de l'ordre et tenant les chaînes de deux hommes à genoux à ses côtés, depuis ce porte-étendard, jusqu'au dernier de ces pauvres gens, elles les avaient tous, un à un, contemplés avec anxiété, avec désespoir, elles ne retrouvaient aucun des traits qu'elles n'avaient pourtant pas oublié. Mais ces cheveux blanchis, dispersés par la souffrance, ces joues creusées par une constante faim jamais assouvie, ces rides sillonnant des fronts que cuivra le soleil d'Afrique, tout cela n'eût-il pas suffi pour les rendre méconnaissables même aux regards d'une épouse, d'une mère?

Et la procession revenait à travers les rues de plus en plus remplies de foule. « Quel chemin! dans lequel se voyaient « des têtes humaines à milliers, jusqu'au « dernier étage des maisons toutes concer-« tantes d'acclamations pieuses! » Avec quelle vénération chacun regardait les pères redempteurs, vêtus de chappes blanches portant un bouquet à la main comme dans un jour de joie et de fête! Fut-il jamais triomphante entrée de conquérant plus magnifique que cette pompe de la charité victorieuse et se montrant couronnée de lauriers pacifiques? Quelle scène plus touchante que celle dont bien des fois furent témoins ces murs dont on trouve à peine aujourd'hui quelques restes, lorsque la procession des captifs étant entrée dans l'église, le ministre général des Mathurins les embrassait un à un devant l'autel en prononçant leurs noms! et alors un cri de joie se faisait entendre, et quelque femme vieillie par le chagrin ou courbée sous l'âge venait se précipiter dans les bras d'un mari, d'un enfant que lui ramenaient de courageux missionnaires de charité.

Gloire à la France qui, après avoir, pendant des siècles, réparé par la main de la religion les maux que causaient à ses enfants les corsaires barbaresques, a mis enfin par les armes un terme à la piraterie ! Elle s'est emparée des nids des vautours et la conquête de l'Algérie est non-seulement un accroissement de puissance, mais aussi un glorieux service rendu à l'humanité.

Et de même que nous regardons avec un vif intérêt l'homme qui a vu, sous d'autres cieux, une personne aimée de nous, car il nous semble voir en lui quelque chose de cet ami éloigné, et, pour ainsi dire un reflet de son visage, de même je contemplais avec une sympathie d'autant plus grande l'hôtel de Cluny qui assista à toutes les cérémonies dont j'aimais à me rappeler les détails. Ses charmantes fenêtres avec leurs sveltes encadrements de galeries et de clochetons, me semblaient encore plus curieuses lorsque je me disais que, de là, les dames et damoiselles de la famille de Courtenay, ou de celle de Meulenc, les abbés de Cluny, les clercs et cardinaux de la suite des nonces, dont le séjour habituel à Paris était cet hôtel, tous virent à diverses époques se dérouler le pieux cortége ; et il me semblait, en vérité, entendre le sonore et religieux bourdonnement de la fameuse cloche *George d'Amboise*, qui, après avoir été fondue, dit-on, dans la cour de l'hôtel de Cluny, alla pendant trois siècles remplir de sa grande voix le haut clocher de la cathédrale de Rouen, les étroites rues de cette ville et les brises planant sur les riches campagnes de la Normandie.

Des souvenirs d'une autre nature se rattachent à l'hôtel de Cluny. En 1565, le cardinal de Lorraine revenait du concile de Trente avec des dispositions moins bénignes que ne lui en aurait dû inspirer cette grande assemblée de l'Église ; il avait près de lui son neveu le *Balafré*, un des premiers boute-feux de nos troubles civils ; et l'un et l'autre, au mépris des ordres du roi, entraient dans Paris, escortés d'une garde nombreuse armée jusqu'aux dents.

Le connétable de Montmorency, alors

gouverneur de la capitale, leur fit savoir que Charles IX avait défendu le port d'armes dans Paris, déjà troublé depuis quelques années; mais ils n'en tinrent compte et poursuivirent tranquillement leur marche jusque dans la rue Saint-Denis où les troupes du connétable attaquèrent si vigoureusement l'escorte des suisses, que le cardinal n'eut d'autre parti à prendre que celui de se réfugier dans l'hôtel de Cluny où il passa la nuit livré à d'incessantes terreurs. Trente années à peine après cet incident, le jour de l'entrée de Henri IV à Paris, en mars 1594, il y avait au contraire nombre de gens armés en faveur du roi, dans l'hôtel, et même dans le paisible cloître des Mathurins; mais ce quartier était si suspect, si entaché d'esprit ligueur, que les précautions y étaient parfaitement justifiées.

Dix ans avant cette dernière époque, en 1584, l'ancienne résidence des abbés de Cluny eut à subir une métamorphose singulière, mais de peu de durée. On y autorisa l'établissement d'une troupe de comédiens. A ce souvenir il nous est impossible de ne pas tourner les yeux vers une antique église transformée en théâtre, il y a une douzaine d'années environ. C'était une des plus vieilles paroisses de Paris, Saint-Benoit, surnommé le *Bétourné*, ou plutôt le *Métourné*, c'est-à-dire le *Maltourné*, parce que, contrairement aux règles canoniques, le maître-autel était à l'occident au lieu d'être à l'orient. Est-ce cette bévue de l'architecte qui porta malheur au vénérable édifice, bien plus mal tourné encore aujourd'hui, il faut en convenir?. J'aurai toujours présent à la mémoire l'accent d'honnête indignation avec lequel l'austère et bienveillant à la fois M. Sylvestre de Sacy, illustre professeur de langues orientales, flétrit un jour en ma présence cette profanation en sortant du collége de France, dont il fut une des plus belles gloires.

Aux jours de la Ligue, dont nous parlions tout à l'heure, Saint-Benoît ne fut pas du reste toujours un calme sanctuaire élevé au-dessus des querelles de ce monde. Chose déplorable! le docteur Boucher y oublia souvent dans la chaire de paix et de concorde le calme majestueux qui doit être l'attribut des exhortations divines, et ses fougueuses prédications trouvèrent un écho à St.-Côme, église voisine, que son curé, Hamilton, fit plus d'une fois retentir aussi de paroles politiques et passionnées. Les cardinaux de Pellevé et de Lorraine leur avaient donné un funeste exemple. Mieux eût valu pour eux suivre celui de leurs paisibles et charitables voisins, les Mathurins, et même mériter la naïve épitaphe d'un frère servant du monastère, Mathurin du Portail, qui, après s'être acquitté fidèlement de ses utiles fonctions jusqu'en 1495, inspira ce simple panégyrique à quelque bon moine:

> Ci gît le loyal Mathurin
> Sans reproche, bon serviteur,
> Qui céans garda pain et vin,
> Et fut des portes gouverneur.

> Paniers ou hottes par honneur
> Au marché volontiers portoit
> En diligence, et bon sonneur.
> Dieu pardon à l'âme lui soit !

Ces rimes humbles, comme celui qui en fut l'objet, se lisaient à Saint-Benoît, entre l'épitaphe de Charles Perrault, dont les contes d'enfants, cette morale parée par l'imagination, vivent jusque dans la mémoire des vieillards, et le monument de son frère Claude Perrault, le médecin-architecte qui donna les dessins de la colonnade du Louvre, et que Boileau a quelque peu satirisé dans le quatrième chant de l'art poétique; mais on est tenté de lui pardonner ses attaques injustes en faveur du précepte de profond bon sens qu'elles ont produit, leçon excellente pour tous les âges.

> Soyez plutôt maçon, si c'est votre talent.

Nous voici ramenés, par ces noms, ces souvenirs, cette poésie, à des temps rapprochés du nôtre, et nous retrouvons l'hôtel de Cluny occupé, sous Louis XIV, par M. de Vertamon, maître des requêtes, tandis que le palais des Thermes, ou la haute salle voûtée qui en reste s'enfouit derrière une mauvaise maison portant l'enseigne de la *Croix de fer*, auberge servant de logis aux messagers de Chartres.

Il y avait déjà bien longtemps, du reste, que la demeure des Césars des Gaules était tombée d'humiliation en humiliation jusqu'à l'état de taverne, car un relevé de la taille perçue à Paris en 1313, lors de l'avénement du fils de Philippe-le-Bel à la chevalerie, porte le *Palès des Termes* pour une somme de 27 sols parisis (16 ou 17 francs de notre monnaie), et Guillaume, *le tavernier*, a payé pour sa quote-part 12 sols. Le reste de l'imposition est payé par deux *tailleurs de robes*, Robert d'Ourbéot et Raoul l'Anglois.

Cette croix, attachée depuis des siècles aux décombres du logis païen, nous avons pu la voir encore, lorsque la vénérable et majestueuse salle des Thermes, se délabrant toujours, était l'immense magasin d'un tonnelier, et, soit dit par parenthèse, l'industrie du lieu participait toujours de l'auberge et de la taverne. Le bon tonnelier tenait à bail le débris du palais de Julien, moyennant 2,000 francs par an, qu'il payait à l'hospice de Charenton, doté, par décret impérial de 1807, des restes de l'édifice impérial du troisième siècle. Pendant ce temps, et depuis soixante années, l'hôtel de Cluny, ce proche parent du palais de Thermes, eut pour hôtes des libraires, des imprimeurs, et successivement deux astronomes célèbres, d'abord Lalande, et ensuite Messier, le *furet des Comètes*, comme l'avait plaisamment surnommé Louis XV. Son observatoire était cette élégante tourelle octogone qui s'élève au-dessus de la balustrade dont est ceint le bâtiment, et c'est du fond de la guérite placée sur la tour qu'il faisait faction, guettant les astres, les planètes, les étoiles fixes. Savant passionné, il regretta doublement la mort de sa femme, parce qu'elle lui avait *fait manquer sa treizième comète !*

Dans nos esquisses précédentes nous avons eu trop d'occasions de déplorer la chute irréparable et l'anéantissement de nos monuments historiques, pour ne pas nous réjouir aujourd'hui en voyant assurés d'une conservation pieuse, l'hôtel de Cluny et le palais des Thermes. La masure qui masquait cette précieuse relique de l'architecture romaine a fait place à une grille. On peut voir enfin la pittoresque façade empreinte de la vénérable couleur des ruines, et la double arcade à plein cintre qui s'élève élégamment au-dessus d'une porte basse sous laquelle l'œil du passant se perd dans les demi-ténèbres d'un escalier à peine entrevu, ou d'une voûte sombre. Cette voûte conduit à la majestueuse salle des Thermes, et de là, longeant un mur de cinq pieds d'épaisseur, mur de construction romaine, on va vers l'hôtel de Cluny. Qui n'éprouverait une émotion profonde en marchant sous cette voûte, en montant ces degrés ou posèrent leurs pieds Clovis et Childebert, ou en traversant cette petite chambre dans laquelle peut-être mourut Hélène, la femme de Constance Julien, car elle rendit le dernier soupir peu de temps après la grande acclamation qui avait appelé son mari à l'empire!

Mais nous entrons dans l'hôtel de Cluny, dont M. Dusommerard a fait, pendant les dix dernières années de sa vie, un complet musée du moyen-âge. Voici la *chapelle* où prièrent les dames de Courtenay, les nonces, les abbés propriétaires de cet hôtel, et la mère Angélique Arnauld qui s'y réfugia en 1625, lors des premières persécutions dirigées contre le jansénisme. Un groupe de figures dorées, provenant de l'antique abbaye de Saint-Riquier, près d'Amiens, a remplacé celui que l'on admirait, dans le renfoncement formé par une demi-tourelle, éclairée à demi de trois vitraux élevés et sombres. Un magnifique flambeau pascal domine les stalles, les lutrins, les chaires herminées de Bretagne, et chaque prie-Dieu est couvert de livres des premiers temps de l'imprimerie, ou des missels manuscrits rehaussés d'or. C'est bien un sanctuaire, et l'on oublie qu'il fut un temps où cette chapelle servit de salle à un cours de pharmacie et d'amphithéâtre de dissection. C'était à l'époque où la redoutable section républicaine, dite *Marat*, siégeait dans la *Chambre de François Ier*, ou de la *Reine Blanche*.

Encore la reine Blanche, dira-t-on. Oh! celle ci n'était point la mère de saint Louis, mais bien la veuve de Louis XII, reine *blanche*, parce que telle était la couleur du deuil que les reines prenaient à la mort des rois. Cette chambre est un garde-meuble *renaissance* admirable, et autour de ce vaste lit à cariatides et à balustres, à côté d'une porte venant du château d'Anet, sont des costumes chevaleresques, des cuirasses, des armures, et aussi, pour justifier sans doute le nom à double entente de *Chambre de la Reine blanche*, l'échiquier de cristal de roche sur lequel, dit on, jouait Louis IX.

Puis c'est un *salon* garni de somptueux meubles d'ébène sculpté, puis une *galerie* parée de toutes les élégances des XVe et XVIe siècles, puis une *salle à manger* du moyen-âge, et enfin la *Chambre de Henri IV*. Magnifique musée particulier, il est devenu musée national. L'hôtel de Cluny et le palais des Thermes, admirable ensemble, sont désormais de belles pages ajoutées à ce grand livre historique dont le musée égyptien, le musée étrusque, le musée de Versailles sont des feuillets immenses ; et, aujourd'hui, la population parisienne peut suivre pas à pas son histoire, en montant du palais des Thermes jusqu'aux dernières salles de l'hôtel de Cluny.

ABBAYE DE LIVRY,

CHATEAU DES ROCHERS,

CHATEAU DU BURON. — HOTEL DE CARNAVALET,

CHATEAU DE GRIGNAN.

Je reviens d'un voyage charmant sous les mystérieux ombrages des forêts de Bretagne ou à travers la sauvage et poétique nudité de ses landes, tantôt dans ses châteaux si calmes, tantôt dans le mouvement des demeures royales; un jour sous les allées solitaires d'un jardin de couvent, le lendemain au milieu des plaisirs d'une province en fête; oui, je reviens d'un délicieux voyage dans les lettres de madame de Sévigné dont la *pensée, la plume, tout court, tout vole.*

La lecture est bien en effet un véritable voyage, voyage à travers les événements que raconte l'histoire, voyage à travers les pays que peint la géographie et que l'on voit, car lire c'est voir; voyage de notre esprit dans l'esprit et dans l'âme de l'écrivain qui nous a légué ses pensées et ses sentiments, mémoires, méditations ou correspondance. C'est dans un recueil de lettres surtout que l'on peut faire avec bonheur ce voyage en tête à tête intime, pendant lequel on vit de la vie tout entière de son compagnon de route, et cette excursion n'est, dans aucun cas, aussi ravissante qu'en compagnie de madame de Sévigné.

On voit clair à travers mes paroles, a-t-elle dit quelque part, rendant pour ainsi dire visible le précepte qu'elle aimait à donner à sa fille: *Ne quittez jamais le naturel, cela compose un style parfait,*

Le style est donc d'autant meilleur que les expressions sont plus nettes, plus transparentes, et que l'on voit plus *clair à travers les paroles*. Vive un compagnon de route qui vous montre si bien tout ce qu'il voit, un compagnon de voyage comme madame de Sévigné! Je suis prêt à me remettre en chemin avec elle pour la centième fois : voulez-vous en être? Soit. Partons! Mais, je vous préviens, avant notre départ, que c'est bien plutôt madame de Sévigné qui nous occupera que les lieux qu'elle a illustrés. Lorsque nous parcourons des sites célèbres ou que nous visitons des monuments historiques, tous les souvenirs de l'histoire viennent s'y rattacher: l'histoire des lieux que nous allons voir aujourd'hui, c'est madame de Sévigné qui fut et est encore leur âme. Monument de ces monuments, esprit de ces lieux plus ou moins déchus, c'est donc elle, avant tout, qui nous inspirera !

Une courte visite d'abord au lieu de

naissance de cette charmante Marie de Rabutin : le château de Bourbilly, en Bourgogne. C'est là que descendit sur elle la flamme de l'esprit le plus riant, le plus folâtre, le plus sérieux, le plus élevé, *un esprit qui dérobait tout.* C'est là qu'elle conçut son indestructible amour pour les beautés de la nature. Que lui importaient les fossés et les tourelles du château féodal ! Elle ne vit surtout de Bourbilly que *ses belles prairies, la petite rivière, les magnifiques bois* et *le beau moulin* qu'elle se réjouit si sincèrement de retrouver *où elle les avait laissés;* c'est avec la même joie qu'elle revoit les ombrages du château de Sucy, cette maison où elle a passé *sa belle jeunesse,* alors que Ménage et Chapelain l'enrichissaient de tous les trésors d'un savoir dont elle faisait avec grâce un mystère, car, comme le dit un de ses contemporains célèbre, *elle aimait à n'être comptée pour rien.*

Mais cette belle jeunesse, dont les premiers sites lui sont si précieux à revoir, n'a pas eu de séjour plus habituel, plus cher, plus pittoresque aussi que l'abbaye de Livry, où elle fut si heureuse près de l'abbé de Coulanges, son oncle, son tuteur, le *bien bon*, douce appellation sous laquelle elle l'a immortalisé. *Livry en l'Aulnoy*, qui va s'étageant par échelons de verdure et de riantes maisons sur une déclivité gracieuse, est un des plus jolis villages des environs de Paris, et aussi l'un des plus anciens. Son nom latin, *Liberiacum*, transformé en *Livriacum*, puis en *Livry*, lorsque les Français cessèrent de parler le langage de Rome, est un vivant souvenir du Romain Liberius, qui fut dans cette contrée, au troisième ou au quatrième siècle, ce qu'au douzième fut le sire Guillaume de Garlande, ce qu'aux seizième, dix-septième et dix-huitième furent les Sanguin et les marquis ou comtes de Livry en l'*Aulnoy*. Quant à ce dernier mot, c'est tout un paysage, car il nous montre l'*Aulnoy*, l'*Aulnaye*, ou les plantations d'aulnes qui, sans doute autrefois, enveloppaient Livry de leurs épais ombrages. Ainsi le nom de ce village a deux aspects pour qui le comprend ; l'aspect si intéressant des vieux jours de notre histoire, et le pittoresque aspect des forêts dans lesquelles Livry est encore *imbosomed*, comme disent les Anglais.

Ménage n'était pas homme à laisser ignorer ces détails à son élève, Marie de Rabutin ; il était trop épris de sa science pour cela ; mais la future Sévigné avait, elle, trop de goût pour céder à

> La passion choquante
> De se rendre savante afin d'être savante.

Et ce qui la charmait le plus sans doute dans les aulnes de Livry, c'était l'admirable ceinture qu'avec un double rang de peupliers et de saules ils formaient à la limpide pièce d'eau de l'avenue de l'abbaye. Combien de fois ce miroir si merveilleusement encadré dut-il répéter les traits enjoués et gracieux de Marie de Rabutin ! Les frais ombrages de ce cadre de verdure lui servirent souvent sans doute de point de repos lorsque dans ses promenades elle montait de la forêt de Bondy vers le pieux oratoire de Notre-Dame-des-Anges, élevé sur une fontaine de l'eau la plus fraîche et la plus pure, que de tout temps les populations du pays ont regardé comme un remède contre la fièvre. Ce culte des fontaines et des sources murmurantes au fond de l'épaisseur des bois, culte qui remonte aux jours de l'antiquité gauloise, grecque, romaine, a quelque chose de touchant et de gracieux; gracieux par le site, touchant par la naïve croyance.

Que Marie de Rabutin devait admirer le pittoresque concours des hommes, des femmes, des enfants se rendant de tous les points de la forêt vers la source miraculeuse, et la procession des moines de l'abbaye montant à pas lents, par de verts sentiers, à la chapelle de Notre-Dame-des-Anges ! *Petite relique vivante*, c'est ainsi que les sœurs de la Visitation nommaient Marie de Rabutin dès son enfance ; son séjour dans une abbaye antique, au milieu de ces forêts consacrées, la rendait de plus en plus digne de ce surnom, et c'est à Livry qu'elle s'imprégna, sans nul doute, de cet ineffaçable sentiment religieux qui grandissait encore en elle dans l'imposant demi-jour des bois.

Aussi, lorsque sa fille s'est séparée d'elle pour la première fois, et que dans sa douleur elle ne sait où se réfugier, c'est à Livry qu'elle accourt pendant la Semaine-Sainte ; elle trouve de la douceur dans la tristesse qu'elle y trouve : « C'est une grande solitude, un grand silence, un office triste, des hymnes chantées avec dévotion, un jeûne canonique et une beauté dans ces jardins dont vous seriez charmée, » écrit-elle à madame de Grignan, et puis elle ajoute : « Je me suis mise à vous écrire au bout de cette petite allée sombre que vous aimez, assise sur ce siége de mousse où je vous ai vue quelquefois couchée. » Consécration de l'amour maternel imprimée à ces beaux jardins ; le souvenir de sa fille, c'est ce qui les rendait précieux à madame de Sévigné, c'est ce qui fit que lorsque, à la mort de l'abbé de Coulanges, ils devinrent la propriété d'un nouvel abbé de connaissance, elle se réjouit de ce que ces bois, ces jardins passaient à leurs amis. D'abbaye devenue maison de plaisance, ces lieux ont changé de mains bien des fois depuis l'abbé de Coulanges jusqu'à l'amiral qui remplace aujourd'hui le bon vieux chef du monastère des Augustins ; mais on peut dire à coup sûr que de changements en changements ils ont dû toujours appartenir à des amis de madame de Sévigné.

Je m'arrêterais bien un instant dans un autre lieu qu'elle dut plus d'une fois aller visiter, qu'elle dut aimer aussi. Le Raincy, ce parc magnifique qui fut autrefois à une abbaye de l'ordre de Saint-Benoît, et dans lequel des troupes immenses de daims courent en liberté au milieu des promeneurs, là où allaient et venaient lentement des moines blancs et noirs. Je demanderais volontiers au modeste château du Raincy s'il n'a pas pris la place de cet ancien château de Livry qu'habitèrent quelquefois les rois de France au quatorzième siècle ; mais *la pensée, la plume, tout court, tout vole*, et madame de Sévigné m'emmène d'autorité de la route de Flandre sur celle de Bretagne, ou sur le calme courant de la Loire : il faut aller au bien-aimé château des Rochers.

Nous approchons. Voyez-vous à l'horizon, tout au bout de la plaine, cette masse noire qui se dessine sur le ciel bleu ? C'est le parc, ce sont les bois des Rochers : nous approchons encore. Et cet amas de flèches, de hautes cheminées entre lesquelles s'élève une tourelle gothique ? C'est le château ; et quant à la tour, elle est un reste de l'antique manoir des Rochers dont Jamet de Sévigné était, en 1270, le châtelain, alors qu'il était le haut et puissant seigneur de la paroisse d'Etrelle, devenue aujourd'hui la commune de ce nom.

Si nous étions fidèles à notre premier plan, celui de ne parler que des églises ou châteaux plus ou moins métamorphosés, nous ne dirions pas un mot de ces lieux. Les propriétaires actuels du château des Rochers ont respecté ce monument, et les appartements, sauf quelques arrangements intérieurs, ont tous été religieusement conservés, ainsi que la disposition des jardins et du parc. Madame de Sévigné peut donc y revenir, et de même qu'autrefois à Bourbilly, elle trouvera tout, aux Rochers, dans l'état où elle l'a laissé; la vaste cour d'abord, et à gauche cette chapelle dans laquelle elle aimait à se tenir les yeux fermés, *jusqu'à ce qu'on vînt lui dire qu'il y avait des flambeaux dans sa chambre,* retraite religieuse, ténèbres du recueillement où elle pensait à sa fille séparée d'elle par tout le travers de la France.

« Enfin, ma fille, nous voici dans ces pauvres Rochers! quel moyen de voir ces allées, ces devises, ce petit cabinet, ces chambres sans mourir de tristesse? » C'est ce qu'elle écrivait à madame de Grignan en 1671, l'année de leur première séparation; c'est ce qu'à présent elle pourrait écrire encore, tant les lieux sont à peine changés. Ces chambres sont bien les mêmes que celles où l'on se divertissait aux dépens de la *divine Plessis*, ou du *prochain de Bretagne* que l'on trouvait *si drôle*. C'est ici que se passa la visite, si gracieusement racontée, de monsieur et de madame de Chaules, gouverneur et gouvernante de la province; c'est là que vint un jour, dans une tranchante parure de provinciale, mademoiselle de Launai, qui parut si ridicule à madame de Sévigné, simple comme le bon goût, qu'elle la peignit à sa fille par un coup de pinceau ineffaçable : « Elle était bariolée *comme la chandelle des rois.* »

Oh ! que Ménage n'est-il ici ! il nous expliquerait sans doute pourquoi l'on célébrait les rois en allumant la veille une chandelle, de même qu'on mettait au foyer une bûche la nuit de Noël. Toujours le feu, toujours la lumière, la clarté pour solenniser les douze jours de cette grande fête de la naissance du Sauveur, la clarté divine apparaissant au monde. Le docte chanoine angevin nous dirait aussi pourquoi on enjolivait cette chandelle de rubans de diverses couleurs, ainsi que l'on fait encore, je crois, chez les Anglais, pour le gâteau de cette époque. Ce que nous savons de par les dictionnaires, c'est que, de toute chose bizarre ou bigarée, on disait qu'elle était « *riolée* et *piolée* comme la chandelle des rois. » Demandez à Ménage l'explication des deux mots dont le trait de madame de Sévigné fait du reste suffisamment entrevoir la signification.

Voici la galerie dans laquelle elle avait

réuni tous les portraits de ses amis pour les y venir voir aux heures de solitude, lorsque son fils, son spirituel et habile lecteur, Charles de Sévigné, était à Paris ou à la guerre. Alors elle aimait à rendre des visites à cette muette compagnie qu'animaient et faisaient vivre ses souvenirs; l'abbé de Coulanges, *le bien bon,* lui donnait de sages conseils; le joyeux Coulanges, son cousin, lui chantait ses chansons; d'Hacqueville, cet homme si obligeant qu'elle multipliait par une sorte de formule algébrique, en faisant précéder son nom de l'article *les,* d'Hacqueville s'agitait dans son cadre pour aller lui rendre quelque service, et Corbinelli, ami si fidèle que *plus on le connaît plus on l'admire*, lui parlait tantôt de dévotion, tantôt de littérature; c'était une mode charmante de l'époque que celle des galeries de portraits où la peinture venait en aide au souvenir.

Comment ne serait-on pas ému en traversant cette galerie, et surtout en approchant du cabinet de madame de Sévigné ? *Un pas de marche*, comme on dit en Bretagne, un pas de marche que l'on ne saurait descendre sans se sentir le cœur battre, conduit dans un cabinet, au milieu duquel est une table de bois commun. C'est là que madame de Sévigné attendait les lettres de sa fille ; là qu'elle y répondait avec bonheur ; là qu'elle épanchait toute son âme dans celle de madame de Grignan. La table est encore couverte de gouttes d'encre échappées à sa plume, traces précieuses sous lesquelles il ne tient qu'à l'imagination de voir des pensées, tendres, éclatantes ou profondes.

Dans cette salle à manger, la voici toute vivante, l'illustre châtelaine des Rochers, peinte par Mignard avec un pinceau doué d'un coloris aussi inépuisable que l'est le coloris de la plume de son modèle, et vis-à-vis de ce beau portrait, sur le poêle de faïence, quelle est cette statue ? Demandez aux paysans des environs, ils vous diront que c'est une sainte, la Vierge peut-être, et les anciens du pays vous raconteront alors comment ils sollicitaient des propriétaires du château la permission de venir à certains jours déposer, en pieuse offrande, un *liard* aux pieds de cette image révérée. Pauvres gens! combien s'égarait leur foi naïve, qui n'en était du reste pas moins agréable à Dieu, car elle était sincère : cette image qu'ils adoraient est bien il est vrai, la Vierge ; mais la vierge constellation, la vierge du ciel en image, Erigone, cette fille tendre, qui se donna la mort sur le cadavre de son père.

De la salle à manger passons dans le vaste jardin planté par Le Nôtre, et bordé de deux fraîches allées de tilleuls arrondis en berceau. C'est à l'extrémité du jardin, et avant d'arriver au parc, que se trouve la table de marbre sur laquelle, étant debout, on peut faire répéter huit fois le même mot par l'écho, *l'écho de la place Coulanges.* Aimable et touchant coutume que celle de donner le nom de ses amis aux sites que l'on aime, c'était bien toujours la pensée affectueuse qui avait créé la galerie que nous venons de voir ou qui couvrait de devises les plus beaux arbres du parc en souvenir de madame de Grignan ou de Charles de Sévigné. Est-ce aux Rochers ou à Livry? Je ne me le rappelle pas; mais il y avait dans le jardin ou le parc deux allées, l'une nommée *l'humeur de ma mère;* l'autre *l'humeur de ma fille,* et je me figure la première, variée, gracieusement sinueuse, originale, féconde en aspects nouveaux, semblable à l'esprit de madame de Sévigné, et la seconde droite, alignée, raide comme l'était madame de Grignan.

Nous voici donc enfin dans ces bois dont elle parle souvent avec *un petit air d'amour maternel,* et dont elle a si haute opinion qu'elle n'en trouve pas dignes les *madames* qui viennent la visiter. Ils sont toujours magnifiques, soit que les *rossi-*

gnols, *les coucous, les fauvettes ouvrent le printemps dans la forêt*, soit *dans ces jours de crystal de l'automne où l'on n'a ni chaud ni froid*. Admirable peintre de paysage, aussi admirable que La Fontaine, madame de Sévigné excelle, soit qu'elle nous chante le *triomphe du mois de mai*, soit le *triomphe d'octobre en Bretagne*, les châtaignes : « J'en avais l'autre jour, dit-elle, trois ou quatre paniers autour de moi, j'en fis bouillir, j'en fis rôtir, j'en mis dans mes poches ; on en sert dans les plats, on marche dessus, c'est la Bretagne dans son triomphe! »

Certes on se sent pris de respect dans ces sombres avenues dont madame de Sévigné aimait l'obscurité silencieuse, la *solitaire*, *l'infinie* et le *cloître* formé de quatre rangs d'arbres, souvenir du cloître de l'abbaye de Livry, et le mail éclairé par le clair de lune. « Laissez-moi songer toute seule dans ces grandes allées dont la tristesse augmente la mienne. J'ai quelquefois dans ces bois des visions d'une telle noirceur!... » disait-elle en parlant de sa retraite des Rochers et des verdoyantes ténèbres de son parc, qui lui inspiraient une pensive affection, profonde autant qu'un sentiment religieux. On comprendra donc sans peine le cri de douleur, le cri d'amour maternel blessé au cœur qu'elle pousse lorsqu'elle apprend les désastres de sa terre et de ses bois de Buron. Ils ont été abattus par une main impie, et cette profanation lui est d'autant plus cruelle que c'est son fils qui l'a commise, son fils qu'elle aime tant! et qui vient d'anéantir ainsi une des affections de sa mère. A cette nouvelle elle court à Nantes, de là au Buron pour pleurer sur cette dévastation des lentes œuvres du Créateur, et dès le lendemain elle écrit à sa fille, qu'elle prenait pour l'écho de tous ses sentiments, pauvre mère! « Ma fille, il faut, vous, que vous essuyiez tout ceci : toutes ces dryades affligées que je vis hier, tous ces vieux sylvains qui ne savent plus où se retirer, tous ces anciens corbeaux établis depuis deux cents ans dans l'horreur de ces bois, ces chouettes qui, dans cette obscurité, annonçaient par leurs cris le malheur de tous les hommes ; tout cela me fit hier des plaintes qui me touchèrent sensiblement le cœur. »

A part l'expression mythologique, qui était dans le goût du temps, et qui refroidit comme presque toutes les métaphores, le tableau est saisissant, et les êtres fantastiques, les dryades et les sylvains mis de côté, il reste assez de ces sinistres habitants des bois ténébreux, les corbeaux et les chouettes, pour nous donner l'idée d'un magique lieu d'enchantement, un *luogo d'incanto*. C'est ainsi qu'en se rappelant sa *Jérusalem délivrée* elle peint les arbres séculaires du parc du Buron, tombés sous une cognée avare.

Mais il n'est pas tombé : le voici qui élève dans les airs des voûtes de cathédrale gothique, tout au bout de la lande de la paroisse de Vigneux. Les pyramides d'un vert sombre qu'élancent ces sapins aux troncs énormes, et dans les raides feuillages desquels gémissent les vents qui balaient la lande, peuvent être encore la retraite de bien des chouettes et des corbeaux, et sous leurs étages inférieurs, qui couvrent la terre d'une ombre épaisse, le poëte peut encore rêver les mystères du *luogo d'incanto* du Tasse. Cette magnifique avenue, plantée en 1750, et l'une des plus belles de la Bretagne, doit consoler madame de Sévigné des ravages accomplis par son fils, si toutefois, à notre époque d'abatis et de défrichements, où la haute futaie s'incline devant la petite culture, Charles de Sévigné n'a pas trouvé d'imitateurs. Cette avenue majestueuse est un de mes souvenirs d'il y a vingt ans, et je m'y tiens.

Traversons donc cette sombre nef pour aller contempler le château dont quelques parties remontent à 1385, et dont la seigneurie passa des illustres maisons de

Blain et de Rohan dans celle de Sévigné. Un pavillon carré, situé au midi, dans la partie la plus reculée de cette antique demeure, c'est là que madame de Sévigné avait sa petite chambre pentagone, meublée à l'antique et tapissée de boiseries sculptées. Pas plus que le cabinet des Rochers, le cabinet du Buron n'a subi l'influence du temps. Tout est là, à sa place, rangé comme si on était averti que la châtelaine vient de quitter les Rochers ou sa tour de Sévigné, à Vitré, pour venir passer une quinzaine au Buron.

Non pas, ce n'est point au Buron, c'est à Paris, à l'hôtel de Carnavalet, à la *Carnavelette*, comme elle dit, qu'on l'attend : Allons mes chevaux de poste, mes hypogryphes, mes lettres bien aimées ; emportez-moi ; je n'ai qu'à étendre, comme le magique tapis donné par les Djinns à Salomon, un feuillet écrit par la magicienne, et me voici rue Culture-Sainte-Catherine devant un portail et un hôtel merveilleusement dessinés, merveilleusement sculptés par Jean Goujon, Androuet du Cerceau, et François Mansard. L'architecture de cet édifice est de toutes parts décorée d'orments exquis, écussons, armoiries, bas-reliefs, masques sur les claveaux des croisées; mais cet édifice n'a pas de parure égale à la mémoire de madame de Sévigné. Il semblerait même, soit dit en passant, que son intelligence si élevée y ait laissé comme un aimant qui attire les intelligences. Nous avons vu l'hôtel de Carnavalet, occupé par l'illustre M. de Prony, directeur de l'École spéciale des ingénieurs des ponts et chaussées, ce corps si savant, si utile, et aujourd'hui une maison d'éducation considérable prépare des hommes distingués au pays.

A propos d'architecture, je ne saurais résister au désir de vous montrer un monument que la châtelaine des Rochers alla visiter sans doute, car il est dans son voisinage. Plus d'une fois, en venant de Gri-

gnan ou de Paris, par la voie que vous con-
naissez, j'ai vu, à vol d'oiseau, ce rude et
antique édifice ; approchons pour le regarder de plus près, avec la pensée que madame
de Sévigné, notre guide, y est bien des fois
entrée ; elle qui aimait l'obscurité et les
mystérieuses ténèbres, comment n'aurait-
elle pas été touchée profondément par la nuit
solennelle qui règne dans ce que les paysans
nomment la *Roche aux fées.* Telle est la
tendance du peuple en tout pays : les
Arabes bédouins attribuent les ruines de
Tadmor ou Palmyre à Salomon et aux
Djinns ; les Péris et les Divs furent, suivant les Curdes, les constructeurs merveilleux des édifices gigantesques de *Tchehel
minar* ou d'*Istakhar*, et les paysans bretons ne voient pas une pierre druidique,
quelque énorme qu'elle soit, sans assurer
que les fées l'ont apportée là dans leurs
tabliers. Je ne sais en quel endroit est
un rocher d'une masse colossale que l'on
assure avoir été un grain de sable que Gar-

gantua avait dans son soulier et qu'il jeta parce qu'il le gênait un peu.

Or, la *roche aux fées* est un monument de ce genre, un temple druidique, formé de *dolmens* qui se suivent de façon à former une sorte de grotte. Rappelez-vous les châteaux de cartes de votre enfance ; deux cartes debout étaient les murailles, et une troisième placée en travers était le toit. Un *dolmen* était tout-à-fait construit de même, seulement, au lieu de cartes, les simples et rudes architectes se servaient de pierres d'une si incroyable grosseur que l'intervention des êtres surnaturels sembla à la postérité avoir été indispensable pour de tels travaux. C'est ce qui explique la croyance de nos villageois à l'égard de la *Roche aux fées*, dont les quarante-deux pierres horizontales ou verticales forment une espèce de grotte ou de cave divisée en deux compartiments ; la nef d'abord et au fond le sanctuaire. A coup sûr, Jean Goujon, Androuet du Cerceau et Mansard étaient plus habiles que les ouvriers de nos druides ; mais je doute que l'hôtel de Carnavalet dure aussi longtemps que l'immémoriale *Roche aux fées*.

Voyez le château de Grignan sur sa hauteur, il est déjà en ruines, et voilà cent cinquante ans à peine que la fille de madame de Sévigné y tenait sa cour, et que la mère si tendre et si aimante d'une fille si froide et si peu affectueuse y venait vivre ; car elle ne vivait complétement nulle autre part que près de son enfant. Combien de fois ne serais-je déjà pas accouru à Grignan sur le merveilleux véhicule de tout à l'heure, les lettres qui y volaient sans cesse, si, je l'avoue, je n'eusse préféré les Rochers, Livry, le Buron et même la *Carnavelette*, à ce raide palais de Grignan, compassé comme l'esprit de la châtelaine. Si j'y viens, ce n'est qu'au dernier moment et pour assister au lit de mort de madame de Sévigné, qui voulut cesser de vivre au lieu où elle avait toujours vécu soit de fait, soit par la pensée. C'est ce souvenir seul qui rend touchantes les ruines du château de Grignan, dont bientôt il ne restera plus rien que dans les lettres de la femme illustre dont nous avons tant parlé à propos des lieux qui conservent son passage sur la terre.

Et comment devint-elle illustre? Ce n'est point en se proclamant auteur ni en faisant, soit en vers, soit en prose guindée, de retentissants appels à la gloire. Il est de belles et pures renommées qui se forment dans le monde autour de bonnes et humbles femmes toujours prêtes à soulager les malheureux, à consoler les affligés, à faire le bien aux veuves, aux orphelins, aux malades. Leurs secrètes bonnes œuvres, leurs vertus privées qu'elles croient cachées d'un pudique voile, leur pieux dévouement à d'obscures douleurs, tout cela se dit, se redit : la reconnaissance est indiscrète ; la société, même la plus corrompue, aime à célébrer les belles âmes, et par degrés, lentement, une auréole se forme autour des fronts qui se tenaient bien dans l'ombre. C'est ainsi que s'est formée la gloire de madame de Sévigné, sans qu'elle s'en doutât, par des échanges de lettres intimes qu'elle prodiguait avec d'autant plus de liberté et d'abandon qu'elle ne songeait pas au grand jour. *Comme j'espère que vous ne ferez pas imprimer mes lettres...* écrivait-elle à madame de Grignan, *ma pensée, ma plume, tout court, tout vole.* Et alors des traits inattendus d'esprit, de poésie, de haute raison coulaient avec effusion de sa plume; on se les répétait, on se prêtait ses écrits, tant de charme et de grâce se répandaient de plus en plus au dehors comme un doux parfum; puis, lorsque longtemps après la mort de madame de Sévigné vint le jour de la publication d'une correspondance depuis si longtemps célèbre sans être connue, *son ami le public* la salua comme une gloire consacrée et une vieille amie.

L'ABBAYE
DE LA VICTOIRE

LE
CHATEAU DE PIERREFONT.

« Victoire! victoire! victoire! »
S'écriait de toute la force de ses poumons un courrier emporté au plus grand galop de son cheval. Il y avait une minute à peine qu'il venait de quitter les dernières maisons de Senlis, et déjà il était sur la lisière de la vaste forêt qui entoure cette ville comme d'un réseau. Voilà d'où vient, soit dit entre parenthèse, qu'elle a été nommée en latin *Sylvanectum* (nœud de forêts). Du reste, ce courrier, endimanché

et chargé de rubans, avait fait une bien plus longue route ; on en pouvait juger par la poussière qui couvrait ses vêtements ainsi que son cheval hors d'haleine, et il poursuivit du même train sa route, en répétant à tue-tête :

« Victoire ! victoire ! victoire !

« Victoire ! victoire ! victoire ! »

Les villageois, bûcherons, vignerons et laboureurs qui s'étaient précipités de toutes parts sur la route crurent que ces derniers cris, sortant de l'épaisseur de la forêt de Senlis où le courrier allait entrer, n'étaient autre chose que l'écho produit par les massifs des chênes séculaires ; mais les bonnes gens se trompaient : un second courrier débouchant d'une allée immense et venant de Paris, de même que son confrère y allait, répéta à perdre haleine, et il eût, en vérité, lancé en l'air son chapeau enrubanné s'il n'avait eu à tenir, ici la bride de son cheval, là son fouet toujours en mouvement :

« Victoire! victoire! victoire! »

Et les deux messagers de triomphe s'arrêtèrent tout court, vis-à-vis l'un de l'autre, au milieu de la foule accourue des champs, de Senlis et de Montlévêque. Alors ils échangèrent à haute voix, et de façon à ce que tout ce monde les connût, les nouvelles qu'ils apportaient, l'un du nord-est, l'autre du sud-ouest.

« Je vais en grande hâte, dit le premier, de la part de notre auguste roi Philippe, annoncer à monseigneur Louis, son fils, la victoire remportée à Bouvines par les Français sur l'empereur Othon IV, le comte de Flandre, et je ne sais combien d'autres comtes; enfin les ennemis étaient au nombre de cent cinquante mille.

— Victoire! victoire! victoire! » s'écria le cercle des auditeurs qui s'était épaissi d'instant en instant. Quand ces acclamations eurent cessé, le second courrier prit la parole :

« Eh bien ! c'est justement le prince

Louis, notre excellent seigneur, qui m'envoie annoncer au plus tôt à son royal père la victoire qu'il a remportée sur les Anglais en Anjou, en Poitou, je ne sais trop où... à la Roche-aux-Moines, enfin !

— Victoire ! victoire ! victoire ! s'exclamèrent encore une fois les assistants.

— Victoire ! » répétèrent les courriers en se croisant comme deux flèches, et ils disparurent bientôt, l'un dans l'allée sombre de la forêt, l'autre dans un tourbillon de poussière chatoyante au soleil.

Et il y eut dans le pays grande fête jusqu'à la fin du jour, et une bonne partie de la nuit même. Cette joie n'était pas sans fondement : la victoire de Bouvines était un coup de plus, et un coup décisif porté par Philippe-Auguste à ces grands vassaux qui, en se révoltant contre le roi, dont, ligués, ils devenaient les rivaux dangereux, étaient autant d'oppresseurs et de tyrans pour les pauvres serfs des champs ou des villes. Plus ils faisaient d'efforts pour frapper en haut, plus ils pesaient sur ce qui, étant au-dessous d'eux, leur servait de point d'appui. C'est là une loi de mécanique à laquelle il était dur pour des hommes de se soumettre. Voilà pourquoi tout ce qui abaissait et domptait les grands vassaux causait autant de plaisir au peuple qu'au roi.

Et l'allégresse fut bien plus grande encore dans le Valois et le Beauvaisis lorsqu'on y sut que la victoire de Bouvines était due, en grande partie, à deux évêques de la contrée, l'évêque de Beauvais, qui se précipita dans la mêlée une massue de bois à la main, et Guérin, évêque de Senlis, ancien hospitalier du Temple. Celui-ci, plus fidèle à son caractère, s'abstint de prendre part au combat, de la main, mais non point du conseil, et le triomphe de la journée fut dû, en grande partie, à l'habileté de tacticien avec laquelle il disposa notre armée en bataille.

Aussi comme à son retour la population

l'accueillit avec des cris de victoire ; ces cris restés dans les échos depuis la rencontre des courriers. Lui-même, dans ce lieu où les messagers de triomphe avaient échangé leurs bonnes nouvelles, lieu qui dépendait des terres de son domaine de Montlévêque, il obtint du roi Philippe-Auguste l'autorisation de fonder un monastère sous le titre de Notre-Dame de la Victoire. En 1222 cette abbaye fut consacrée, et, chose remarquable, pour desservir ce lieu saint, religieux souvenir de nos armés victorieuses, on y établit douze moines de la célèbre abbaye de Saint Victor ; c'était comme un jeu de mots en action.

Au bout de six siècles environ, la maison abbatiale est devenue une riante maison de plaisance, dans laquelle il est impossible de faire un pas sans être entouré des apparitions qu'évoque la mémoire ; entre toutes, la grande et sinistre figure de Louis XI doit s'y montrer sans cesse, car il affectionnait le séjour de l'abbaye de la Victoire, et, très probablement sous prétexte de retraites religieuses, il y venait faire des retraites politiques à l'intention du Bourguignon ou de l'Anglais. C'est même à la Victoire, dit-on, que fut signé, avec Edouard IV, le traité de paix dit la *Paix heureuse*, connue dans l'histoire sous le nom de *Paix de Pequigny*.

Et le soir, les dames, lorsqu'elles sont assises en cercle autour de la table de travail, s'il leur arrive de jeter, par les hautes croisées du salon, un regard sur le parc illuminé par une splendide pleine lune, suspendent leur navette ou leur aiguille pour contempler les pittoresques ruines de l'église se dessinant sur la blanche clarté de l'horizon ; alors l'imagination joue son rôle de fée, et sous ces arceaux élégants, entre ces massifs piliers où l'ombre et la lumière nocturne produisent des jeux étranges, elle voit entrer les processions des moines, quelque fantôme d'abbé dans son linceul, ou bien, s'élançant sur la haute tour qui reste si intacte qu'on peut y monter sans péril, elle contemple le beau paysage de nuit qu'elle domine.

C'est une masse de bois immense, une masse noire, compacte, au-dessus de laquelle s'élève, à quelques cents pas de la ville de Senlis, le château de Montlévêque, antique résidence des évêques du pays, ainsi que son nom l'indique, et du côté opposé se dresse, sur une hauteur, comme un fantôme dans les rayons de la lune, la haute tour de Montespiloy, du sommet de laquelle Catherine de Médicis, adonnée à cette poétique erreur de l'ignorance, l'astrologie, consultait sur ses sinistres desseins le livre éblouissant des étoiles. La tour de Montespiloy avait du reste été de tout temps un observatoire, mais non point à l'usage des contemplations astrologiques. De ce point culminant, les guetteurs des sires de Montespiloy découvraient tout ce qui se passait dans la contrée et pouvaient se mettre sur leurs gardes contre tous ennemis féodaux qui fussent venus leur chercher querelle. C'était une tour de guet, *spicula*, comme disaient les latins, dans la langue desquels le mont qui porte cette tour fut appelé *mons spiculatorum*. Trouvez un vieux savant qui vous explique comment, de ces deux mots, on avait fait **Montespilouer** ou **Montespiloy**, et il vous dira de plus que le peuple, qui n'est pas si bon étymologiste, travestit ce nom, qu'il ne comprenait pas, en **Mont aux Pillards**, qu'il ne comprenait que trop bien, attendu que les seigneurs châtelains étaient devenus de véritables forbans pour leurs vassaux ou les étrangers qui traversaient leurs domaines.

Ils furent d'entre ces forbans par excellence, quelques-uns des châtelains de Pierrefont, manoir imposant dont nous voyons les ruines encore menaçantes se desser à une des extrémités de la forêt de Compiègne. Là, sur un rocher escarpé, trône inaccessible, couronné de tours, de tourelles, de bastions, de murailles épaisses de quinze pieds régnait avant Philippe-Auguste, Nivelon Ier et ses successeurs. *Régner* est bien le mot, car les sires de Pierrefont étaient de véritables souverains. En ces temps de guerres perpétuelles de famille à famille, de maison à maison, de monastère à monastère même, le château de Pierrefont était, pour tout petit châtelain menacé par un voisin plus fort, pour tout couvent auquel un couvent plus redoutable montrait un nombre supérieur d'advoués prêts à combattre, un lieu de refuge ou un arsenal où l'on allait chercher des armes et du secours ; mais ce secours, cette protection, cet asile, les hauts châtelains ne le donnaient pas par pure générosité, et en échange de chacun des services qu'ils rendaient, ils exigeaient de leurs protégés l'hommage et le serment d'allégeance. Ainsi se créant tous les jours de nouveaux vassaux, ils firent bientôt de la châtellenie de Pierrefont un petit royaume composé de vingt bourgs ou villages et de nombreux domaines jouissant de priviléges féodaux à l'infini. Ils avaient une véritable armée de vassaux, de vassaux nobles parmi lesquels ils allaient jusqu'à créer des pairs, comme le roi de France, et comme le roi de France, dont ils prenaient le langage souverain dans les formules de leurs actes, ils nommaient des juges, exerçant ainsi le droit de la plus haute souveraineté, la délégation du droit de justice.

Nous savons que Philippe-Auguste, continuant l'œuvre de Louis VI et de Louis VII, n'était pas d'humeur à laisser debout ces petits trônes qui s'élevaient sous le sien. Il parvint donc à anéantir la famille de Pierrefont et sa puissance en morcelant la châtellenie, et abandonnant le château même à des moines fondés par les hauts et puissants seigneurs tombés. Alors cette redoutable forteresse, ce lieu de guerre et d'incessant tumulte d'armes, devint une paisible ferme, une nourrice au lieu d'une *virago.* La transformation que subit alors le château de Pierrefont est du reste presque invariablement le sort de nos vieux châteaux : s'ils ne sont démolis, ils deviennent aires, granges, bâtiments d'exploitation agricole, et comme ils sont toujours sur les hauteurs, plus d'une tourelle peut être changée en moulin à vent. C'est moins poétique, mais c'est plus utile.

Toutefois la châtellenie de Pierrefont n'était pas tombée pour toujours, et en 1390, non loin de l'antique manoir qui resta **la Ferme du Rocher,** Louis, duc d'Orléans, éleva un autre château non moins fort que le premier, non moins haut, assis sur un rocher à pic, et plus élégant que celui de Nivelon. Huit tours, groupées avec tout l'art de cette époque, dominaient des bastions, des remparts, des murailles formidables, et se miraient dans des fossés profonds où coulait une eau vive, celle de la source qui a fait donner à ce château le nom de Pierrefont, c'est-à-dire *Pierre Fontaine*. « C'étoit, dit Monstrelet, un châtel moult bel et puissamment édifié, moult fort défensable, bien garni et rempli de toutes choses appartenantes à la guerre. » Sans aucun doute Louis d'Orléans, voyant se dresser contre lui les factions du duc de Bourgogne, avait voulu, en relevant Pierrefont au milieu de son apanage du Valois; se créer un lieu de défense et de refuge en cas de besoin; mais dans quel asile pouvait-il fuir la main des assassins qui le frappèrent d'une mort obscure dans une étroite rue de Paris?

Au milieu des déchirements civils qui suivirent de près ce meurtre, le château de Pierrefont fut brûlé, tout ce qui pouvait en être brûlé du moins, car les murs et les voûtes étaient impénétrables à la flamme la plus ardente; la toiture seule fut donc détruite, et, bientôt réparée, couvrit tantôt les Anglais, tantôt les Français qui se disputèrent ardemment la forteresse durant les guerres fatales où brilla et périt Jeanne d'Arc. Le nom de *Champdolent*, conservé longtemps par la tradition à un lieu voisin du château, est, dit-on, le souvenir d'une bataille sanguinaire et des cris de doléance qu'y firent entendre les mourants ou les femmes des morts.

Pierrefont avait sans doute beaucoup souffert de ces attaques; en se le disputant, chacun l'avait sans doute ébranlé, et puis le temps vint ajouter à ces éléments de destruction, mais il ne devait pas encore être livré à la ruine, et Louis XII le fit restaurer. Ce roi fut bien mal inspiré cette fois, car il préparait aux ennemis de sa famille une forteresse redoutable ; Pierrefont ne tarda pas à être un des plus formidables châteaux forts de la Ligue sous le commandement du fameux capitaine Rieux.

Ce capitaine Rieux ne dut nullement sa célébrité à sa naissance; mais, par malheur pour sa mémoire, il en fut encore beaucoup moins redevable à de belles ou bonnes actions, véritables et indestructibles titres de noblesse. Le capitaine Rieux, fils d'un maréchal ferrant, ne s'était élevé que par une rare intrépidité appliquée seulement à des actes de perversité et de brigandage. Enfermé dans sa citadelle de Pierrefont, au milieu de tout ce qu'il y avait d'hommes en révolte contre la société, parce que la société leur demandait compte de leurs méfaits divers, il commettait, au moyen de sorties fréquentes, des violences impunies sur les personnes comme sur les propriétés. Trois fois les troupes royales, commandées soit par le duc d'Épernon, soit par le maréchal de Biron, soit par François des Ursins, se brisèrent contre ces murailles défendues par des brigands désespérés, et ce n'est que par un arrangement d'argent que Henri IV put s'emparer de Pierrefont.

Quelque temps auparavant, ce roi, en traversant la forêt, avait failli tomber entre les mains de Rieux qui, en 1593, termina sa vie par un digne dénouement : il mourut pendu à Compiègne.

Si vous visitez le château de Pierrefont, tous ces détails vous seront racontés par le gardien des majestueuses ruines. Puisqu'il était dans les destinées de la belliqueuse demeure des châtelains de Pierrefont de devenir une exhibition, une *curiosité*, convenons que jamais plus digne démonstrateur que celui qu'elles possèdent n'aurait pu leur être dévolu. Un château du moyen-âge ayant pour gardien un homme doté du nom le plus *moyen-âge*, un homme qu'on appelle *Connétable;* c'est merveilleux ! Cependant cela est. Or, quand le sieur Connétable vous développe tous les détails de ce grand monument historique dont il est l'âme aujourd'hui, tout semble prendre la vie, et la vie de l'époque ; les tours se relèvent à leur hauteur de cent pieds, et sous le donjon se creusent les cachots, les oubliettes où l'on tombait au moment où l'on attendait le moins la mort. Les salles basses, à la voix de Connétable, se remplissent d'hommes d'armes, d'archers, et les cours retentissent encore du cliquetis des glaives, du grincement des lances contre les lances : tout revit, tout se meut, tout est dixième ou douzième siècle autour de ce Connétable qui nous reporte aux jours de Raoul Ier, comte de Clermont, et Beauvoisis, de Dreux de Mello, de Mathieu de Montmorency ou des connétables, des sires de Pierrefont, car s'ils avaient, comme le souverain, des pairs et des juges, pourquoi n'auraient-ils pas eu aussi leurs connétables ?

Aussi qui douterait un instant de ce que peut nous dire le sieur Connétable sur les assemblées populaires qui eurent lieu à Pierrefont du temps de Charles-le-Chauve, où furent les assises qu'au treizième siècle le bailli de Senlis venait tenir à Pierrefont? Son nom produit une illusion historique qui ferait vraiment croire qu'il a assisté à ces événements, et qui pourrait mettre en doute sa véracité quand il nous explique une inscription singulière gravée sur une des embrasures ouvertes dans les colossales murailles de la grande cour ? Voici cette inscription :

TOVSSAIN.

BOVLLENOIS.

EN . ATTENDANT.

LAIS . SERGANT.

DES . TAILLE. SORTI.

1602.

L'orthographe n'est guère bien traitée dans ces lignes et elles n'ont du style lapidaire rien autre chose que le point placé à la suite de chaque mot, comme si le sens était terminé. Toussaint Boullenois n'aurait point fait partie de l'Académie des inscriptions et belles-lettres si elle n'eût pas encore été à naître en 1602. C'était, le sieur Connétable l'affirme, un pauvre soldat placé en sentinelle dans cette embrâsure, et qui, après avoir patiemment fait une heure, deux, trois en sus de son temps de faction, après avoir attendu durant tout ce temps son sergent qui l'oubliait, le sergent Destaille, prit enfin le parti de quitter son poste.

Quelques commentateurs en fait d'histoire pourraient se demander si ce sergent des Tailles n'était pas plutôt l'agent chargé de percevoir les tailles, cet impôt dont nous ne connaissons plus que le nom ; mais le fait historique n'est pas d'une importance capitale, et puis le sieur Connétable, ainsi qu'il le dit, connaît ses ruines comme s'il les avait faites. Donc, ne lui contestons pas son factionnaire quittant son poste au mépris de la discipline, car la discipline, qui est l'ordre par excellence, ne devait guère être en honneur à cette époque à Pierrefont, que Henri IV avait ménagé à cause de la beauté de son architecture. Le gardien des ruines ne manque jamais de faire cette remarque de l'air de fierté d'une pauvre bonne vieille qui nous dit combien elle était belle et gracieuse autrefois.

Henri IV avait eu grand tort d'avoir tant d'admiration pour cette redoutable beauté du château fort, car il ne tarda pas à devenir, comme devant, un nid de vautours, et plus que jamais Pierrefont aurait pu être appelé, comme le rocher de Montespiloy, *Mont aux Pillards.* Le capitaine Villeneuve avait renouvelé les brigandages de Rieux; piétons, cavaliers, cochers, carrosses, villes même, il attaquait tout, et en 1636, si la garde nationale d'alors, les bourgeois de Crépy n'eussent pas été sur leurs gardes, cette *maîtresse ville de tout le pays*, comme dit Monstrelet, serait tombée au pouvoir du capitaine Villeneuve.

Cet état d'audacieuse révolte était insupportable pour Richelieu, qui voulait achever l'œuvre de Philippe-Auguste et de Louis XI, en réprimant, par une dernière et définitive leçon, les insolences féodales. Un prince du sang, le comte Charles de Valois, fut donc chargé d'aller réduire le château de Pierrefont, et il partit avec la résolution bien arrêtée de s'emparer de cet arsenal, d'où tant de coups venaient frapper le Valois, son apanage. Il se fit donc représenter les plans d'attaque de Biron, d'Épernon et des Ursins, lesquels avaient tous les trois échoué. Il les étudia, prit de chacun le bon, de chacun rejeta le mauvais, et attaqua ensuite les murailles avec une telle impétuosité qu'au bout de six jours le capitaine Villeneuve dut se rendre.

Et c'est après la destruction par les boulets et les bombes que vint la destruction par les mains des démolisseurs; elle fut du reste bien impuissante, et l'on se contenta, en renversant à grand'peine les fortifications extérieures, en enlevant les toits et entaillant par intervalles les tours, on se contenta de rendre Pierrefont incapable d'une nouvelle défense; au lieu de le tuer, on l'estropia seulement, par bonheur pour le sieur Connétable et nous tous qui aimons à aller visiter ces décombres des autres âges.

La tour consacrée tout entière au culte, ayant au rez-de-chaussée la chapelle de Saint-Jacques et dans les étages supérieurs une sacristie et une salle de chapitre, la tour religieuse autour de laquelle se groupaient les tours militaires, est encore presque intacte ; et que l'on aime à aller demander à ces pieux débris quelles prières y furent prononcées par les châtelaines de tant de siècles, et combien de cérémonies joyeuses de naissance et de mariage, combien de lugubres solennités s'y accomplirent !

Et puis, si l'on descend dans les prisons souterraines, de quelles pensées navrantes on est saisi en se représentant les misérables qui étaient condamnés à mourir de faim dans les ténèbres, là même où nous nous promenons en riant pour aller dans un quart d'heure retrouver l'air pur des bois et le bon soleil, si chaud quand on sort de la glaciale humidité de ces souterrains! Quelles émotions terribles n'éprouve-t-on pas au fond de ces oubliettes où l'on était à l'improviste précipité du haut d'une chambre de la grande tour! Peut-être la trappe qui ouvrait ce sinistre chemin était-elle près de cette chambre, dont la vaste cheminée s'avance encore, mais froide et sans âme, car la flamme est l'âme du foyer.

Et près de cette cheminée se lit cette autre inscription gravée le jour où Léopold et Louise, le roi et la reine des Belges, visitèrent Pierrefont deux jours après leur mariage à Compiègne :

L. L.

11 AOUT

1832.

Cette date, ces deux L l'une près de l'autre, la circonstance qu'elle rappelle ne nous font-elles pas songer aux entretiens qui bien des fois sans doute s'échangèrent là, doucement, entre un jeune châtelain et son épouse nouvellement amenée au manoir? Que de suaves propos de joie, de bonheur, d'espérance durent être prononcés devant cet âtre flambant pendant les longues soirées d'hiver, quand tout le monde dormait au château et que veillaient seuls les gardes muets et l'heureux couple assis aux deux coins de cette cheminée! Alors, si la conversation venait à languir : « Oh! chantez-moi ce doux air que j'aime tant! » disait le châtelain. Alors la jeune dame prenant son luth, et à ses accords mariant sa voix tendre et touchante, faisait entendre cet air bien-aimé, cet air mélancolique que semble encore répéter une voix qui descend du haut de la tour. C'est celle que le vent, en effleurant les créneaux délabrés, fait sans cesse exhaler à de plaintives harpes éoliennes.

LES FILLES
DE NOTRE-DAME

L'HOTEL COCATRICE

LA SAINTE-CHAPELLE.

Jusqu'ici, toutes les fois que j'ai prié mes lectrices de venir un instant avec moi contempler les monuments des autres siècles, leur montrant avec intérêt les dégradations qu'ils ont subies au physique ou au moral, soit de la main du temps, soit de la main des hommes, je leur présentais toujours, pour s'y appuyer, un débris, une ruine, quelque fût de pilier croulant, quelque pan de muraille pittoresquement frangée de mousse et de lichen, un vestige, un souvenir visible enfin ; mais aujourd'hui, je viens faire, plus que jamais, un appel à leurs souvenirs historiques, aidés de tous les efforts possibles de l'imagination qui rend la couleur, la vie, reconstruit, anime, ressuscite. C'est en effet une résurrection complète que nous allons tâcher d'effectuer ensemble, en relevant, à la place des maisons qui les ont renversées, les dix-neuf églises de la cité, paroisses ou chapelles, qui se pressaient autour de la cathédrale. Réveillons donc les filles de Notre-Dame.

Quoi ! ne disais-je pas, tout à l'heure, que, dans ce tour à travers le pays des réminiscences, je n'aurais à offrir à mes compagnes de voyage aucun point d'appui sur lequel elles pussent venir de temps à autre se reposer et se recueillir ? J'oubliais donc cette majestueuse mère de tant d'enfants morts, mais qui est toujours debout au dessus de leurs sépulcres, les quatre ou cinq étages de moellons qui ont remplacé leurs pierres noires et bénies? A qui, mieux qu'à une mère, parler de sa famille et demander des détails sur sa postérité éteinte ? Qui, mieux qu'elle, pourrait nous raconter ce que furent l'enfance, l'adolescence, l'âge mûr, la vieillesse même de ces fils, de ces filles que, vénérable aïeule de dix siècles, elle a vu se lever, grandir, se courber sous l'âge et tomber ? Interrogeons donc l'imposante matrone.

Et voici qu'au moment même où j'écris ces lignes, le vent du sud m'apporte en sonores rafales la profonde voix du bourdon, et, à cette évocation majestueuse, commence à tinter joyeusement un carillon sur toutes les notes : ce sont les cloches de Saint-Germain-le-Vieux, de Saint-Christophe, de Sainte-Madeleine, de Saint-Agnan, de Saint-Symphorien, de Saint-Landry, de Saint-Denys-du-Pas, de Saint-Denys-de-la-Châtre, de Saint-Martial, de

Saint-Pierre-des-Arcis, de Saint-Pierre-aux-Bœufs, de Saint-Martin, de Saint-Barthélemy, et au milieu de ce concert aérien se distinguent les mélodieux accents qui descendent sur la cité du haut de l'élégant et hardi clocher de la Sainte-Chapelle. N'est-ce pas ici encore un autre point d'appui merveilleux que cette chapelle de Saint-Louis, la chapelle du Palais ? Voyageons donc dans l'intérieur de la cité de Philippe Auguste, de Saint-Louis, de Charles V, et si le pied vient à nous manquer sur ce sol incertain des traditions évanouies, nous aurons, pour aller, nous soutenir et regarder autour de nous, deux magnifiques monuments religieux aux deux pointes de l'île qui fut l'étroit berceau du vaste Paris.

Oui, comme si cette île était une vaste cathédrale dont chacune des églises que je viens de nommer eussent été les chapelles, elle avait, suivant les lois de l'architecture liturgique, son maître-autel, Notre Dame, tourné à l'orient, son baptistère, Saint-

Jean-le-Rond, à ses pieds, et quel maître-autel majestueux que ce temple commencé par le roi Robert et achevé par Philippe-Auguste sur le sol qu'occupa, auparavant, l'église de Saint-Etienne, détruite en 1218! Aussi dans ses premiers temps, Notre-Dame était-elle appelée *l'église neuve*, mais avec les siècles son titre s'échangea contre celui de *l'église senieure* (ou *seigneur* au féminin, c'est-à-dire *plus vieille*). Le Pont-Neuf ne songe pas encore à l'imiter, il oublie qu'il a aujourd'hui plus de deux siècles et persiste à se dire jeune et nouveau.

Notre plan est de ne parler ici que des monuments détruits ou, ce qui revient au même, voués à un usage différent de leur destination primitive. Ce ne sera donc point être infidèle tout à fait à ce plan que de nous arrêter quelques moments sous les voûtes de Notre-Dame pour y retrouver des légendes effacées et des souvenirs perdus : qui sait actuellement la situation et même le titre de la Chapelle-Noire ou *cha-*

pelle du damné? qui se rappelle la merveilleuse histoire de cette chapelle au nom sinistre? Qui a entendu le soir, à la nuit tombante, sous l'aile sombre, à gauche, du côté du portail latéral du nord et en approchant de la croisée, qui a entendu bruire une voix lugubre? Elle nous raconte la lamentable légende du chanoine Diocres.

Prédicateur célèbre du onzième siècle, Diocres était mort en odeur de sainteté, chacun le croyait du moins, et son corps, exposé en grande pompe dans le chœur de l'église, tout le clergé commença à chanter autour du cercueil, et d'une voix émue, comme pour un confrère, un ami, le solennel office des trépassés.

Tous étaient graves, recueillis, mornes, officiants et fidèles, quand, soudain, à cet imposant début de la quatrième leçon: *Responde mihi* (réponds-moi!), on entendit un bruit sourd sous le drap mortuaire, puis ce drap se soulève, et en même temps que de la bière sortait la tête du chanoine

Diocres, ses deux pâles lèvres s'écartaient pour laisser passer une voix creuse : *C'est par un juste arrêt de Dieu que je suis accusé !*

On peut aisément se figurer la terreur qu'une telle scène répandit dans l'église. Le service fut suspendu pour être continué le lendemain, et en attendant l'on déposa le corps dans la chapelle noire que je viens de dire.

Or, le lendemain arrivé, le cercueil fut de nouveau porté dans le chœur, de nouveau tout le clergé se rangea dans les stalles à l'entour, de nouveaux chantres et choristes entonnèrent l'office des morts entrecoupé de ces lamentations de Job que l'église nomme *leçons* ou *nocturnes*. Dans quelle anxiété chacun des assistants était à mesure qu'approchait le moment de psalmodier la quatrième leçon, je le laisse à penser. Enfin la terrible question fut prononcée, et, comme la première fois, à ces mots, *responde mihi !* la tête se dressa, mais plus haut hors du cercueil : *C'est par un juste arrêt de Dieu que je suis jugé !*

Et le chanoine Diocres rentra son front sous le drap mortuaire, et les officiants n'ayant plus la force de continuer les chants et les leçons, les fidèles plus la force de les écouter et de les redire pieusement, le cercueil fut reporté dans la chapelle noire pour être ramené dans le chœur le lendemain. Ce ne fut certainement pas sans effroi que toute la nuit chacun, prêtre et laïc, songea à l'aube qui allait reparaître, et bien des cauchemars, bien des rêves de terreur durent planer cette nuit-là sur la cité à la pensée de ce jour prochain, le troisième, le fatal, suivant la mystérieuse influence que tous les hommes ont attribuée au nombre *trois*. Enfin l'aube apparut blanche comme son nom, puis se dora, se rosa, et, en contraste avec ce ravissant spectacle d'une belle matinée qui commence, voici que le glas descendit lugubrement du haut de la tour, et bientôt, comme la veille, prêtres et bourgeois se trouvèrent autour ou en présence du cercueil du chanoine Diocres, et l'office commença plus solennel, plus terrible que jamais. Il fallait pourtant arriver à cette formidable quatrième leçon ; oui, les diacres avaient beau psalmodier le plus lentement possible, il fallait bien y arriver.

« *Responde mihi!* » dit enfin une voix voilée, étouffée, tremblante.

« *Justo Dei judicio condemnatus sum!* (Et chacun regarda avec effroi le cercueil, et le chanoine Diocres, presque sur son séant, apparut à la lugubre assemblée) : *C'est par un juste arrêt de Dieu que je suis damné!* redit-il d'une voix lamentable. Puis il retomba sous la noire tenture qui le couvrait. Alors l'on acheva l'office, on descendit le corps sous les dalles, et saint Bruno, qui assistait à cette scène imposante, ne sortit de Notre-Dame que pour se retirer à la Chartreuse. Telle fut l'origine de cette austère abbaye, dit-on ; car dans le récit que je me suis laissé aller à détailler avec la complaisance d'un passionné conteur d'histoires légendaires, tout est d'un mystérieux inaccessible à la pensée, à la raison humaine ; lecteur ou narrateur, nous ne devons y voir que la solennelle poésie qui tantôt aime à émouvoir et à terrifier, tantôt à donner aux hommes de puissantes leçons par ces tableaux saisissants qu'elle fait créer, et ici la leçon imposante s'adressait aux hypocrites qui, comme le chanoine Diocres, avaient mené ostensiblement la vie d'un saint et dont la mort dévoila les fautes et les vices.

Qu'à côté de ce spectacle d'épouvante on contemple la magnifique solennité dont Notre-Dame fut le splendide théâtre le jour où Philippe-le-Bel, revenant vainqueur des Flamands à la journée de Mons-en-Puelle, entra dans la cathédrale à cheval, tout armé, comme il était à la bataille ; mais au lieu des flots de sanglante poussière, il traversait aujourd'hui les nuages de l'encens qui inondait la nef, les ailes, et dans la flottante vapeur de parfum béni, les jours coloriés des vitraux formaient des arcs-en-ciel admirables ; tout était radieux : sanctuaire, voûtes, pavé jonché de fleurs, foule des officiants, foule de fidèles, et en souvenir de cette belle cérémonie, fut élevée une statue équestre de Philippe-le-Bel, tel qu'il marcha au combat, puis à l'autel. Souvenir détruit, nous devions le relever.

Ce fut encore un autre jour bien beau que celui où après les tourmentes civiles et l'invasion anglaise qui déchirèrent la France à la suite de la bataille de Poitiers, et pendant la captivité de quatre ans que le roi Jean eut à subir à Londres, ce monarque, en vertu du traité de Brétigny, rentra dans Paris, dans la cité, dans Notre-Dame, non moins radieuse que le matin de l'entrée triomphale de Philippe-le-Bel, plus radieuse même encore, car c'étaient les tortures des luttes intestines, les tortures de l'occupation étrangère qui cessaient à la venue du roi absent. Le retour de Jean en France, c'était pour les mères, les épouses, les sœurs, la fin d'anxiétés renaissantes à chaque heure pour les fils, les frères, les époux. Pouvait-il y avoir dans tous les cœurs plus de joie qu'alors? Aussi, le corps de ville offrit-il à la Vierge, en mémoire de ce grand événement, une chandelle de cire longue comme la circonférence entière de Paris, offrande singulière qui se renouvela pendant beaucoup d'années et fut enfin remplacée, en 1605, par une somptueuse lampe d'argent, aux armes de la cité, et qu'alluma pour brûler à perpétuité devant l'autel de la Vierge, le prévôt des marchands, François Miron. A perpétuité! Fondateurs et fondations, où êtes-vous aujourd'hui?

Mais le carillon, dont les mélodieuses harmonies s'élancent toujours dans l'air autour de l'imposante basse-taille du bourdon qui célèbre toutes les pompes que je viens de décrire, nous appelle vers les églises et chapelles dont nous avons nommé quelques-unes. Obéissons donc à ces voix sonores ; mais comment sortir de Notre-Dame sans nous arrêter au bas de la nef, devant la statue colossale de saint Christophe, *qui porte le Christ*, c'est ce que signifie ce nom grec, et en effet le colosse soutient sur son bras énorme l'enfant divin, que prie un homme agenouillé dans ce groupe. Regardons un instant, car, suivant la croyance populaire, il suffit de voir la statue de saint Christophe pour être préservé de mort subite.

Quelle a pu être l'origine de cette conviction qui nous paraît tout d'abord tant soit peu superstitieuse? à l'examen elle nous montre son point de départ dans un fait historique de ces lamentables époques de discorde civile qui troublèrent la France sons les dernières années surtout du règne de l'infortuné Charles VI. C'était en 1413, millésime où se retrouve ce nombre redouté par la crédulité aveugle et à la fatale influence duquel des souvenirs encore bien voisins de nous ont pu faire de nombreux croyants. Or, de même qu'en 1793, les échafauds avaient, en 1413, été en permanence sur la place publique, et Pierre des Essarts, prévôt de Paris, venait d'y monter de par les Bourguignons. Antoine des Essarts, son frère, attendait au fond d'un cachot la voix qui l'appellerait une dernière fois à l'air, au grand jour frais et pur, puis à la mort, lorsque, la nuit qui précéda son procès, il vint à rêver ; il dormait donc, comme un homme à la conscience pure. Il vint à rêver qu'une main mystérieuse l'emportait, de même qu'on se sent quelquefois, en songe, enlever comme si l'on avait des ailes. Toujours rêvant, Antoine des Essarts regarda qui pouvait le soulever ainsi, et voilà qu'il vit saint Christophe qui le mettait hors de prison. Il se réveilla en ce moment, et, avant la fin de la nuit, il fit le vœu de se montrer reconnaissant envers le saint, si, réalisant le rêve, les juges le tiraient du cachot pour aller retrouver la vie. Le songe avait été un bon et véridique présage ; Antoine des Essarts fut sauvé, et son vœu s'accomplit dans l'érection du groupe que nous venons de dépeindre. Il est facile, après ces détails, de comprendre la voix populaire, attribuant, au seul aspect de saint Christophe, le pouvoir de sauver les hommes de mort subite. Est-il mort plus subite que celle à laquelle Antoine des Essarts échappa ?

Du reste ce rêve fut, comme le sont la plupart des rêves, l'écho et le reflet d'une pensée, d'un sentiment, d'un objet de la vie réelle. Depuis bien des siècles déjà, en 817, saint Christophe était un sauveur : son église était à la fois un temple et un hôpital, double asile des soins de l'âme et du corps, touchante alliance qui constituait la maison de Dieu (la *maison Dieu*, l'Hôtel-Dieu); car l'église de saint Christophe, dont les démolisseurs de 1747 renversèrent le délicat édifice gothique, fut le berceau de l'Hôtel-Dieu, berceau sanctifié, dès le septième siècle, par un monastère de pieuses sœurs. De ces religieuses qui venaient avec tendresse se vouer aux soins des malades naquit cette famille de la charité, les Sœurs-Blanches, les Dames ou Maîtresses, les Sœurs-Grises qui consacrent leur vie à veiller, à consoler, à guérir.

Or, pourquoi retentit donc à grande volée la sonnerie de la paroisse de Saint-Christophe? Ce ne peut être que pour célébrer l'anniversaire de la fondation de Pierre des Essarts, ou bien encore un autre souvenir du quinzième siècle, le souvenir du jour ou l'illustre Gerson, auteur très probable du beau livre de l'*Imitation de Jésus-Christ*. Gerson, que les troubles sanglants de 1413 menacèrent aussi, au point de le forcer à se réfugier sous les voûtes de l'église de Notre-Dame, était venu quelques années auparavant prêcher devant Charles VI et sa cour au nom des pauvres, des malades, des veuves, des orphelins de l'Hôtel-Dieu, car alors cet hôpital était le refuge de toutes les souffrances et de toutes les détresses. Les vieillards en enfance y avaient leur dernier berceau, de même qu'y trouvaient leur premier les enfants abandonnés sur la voie publique, eux que tous les matins la dame des Enfants-Trouvés allait ramasser, en faisant payer cinq sous à chaque bourgeois à la porte duquel était exposée une pauvre créature délaissée par sa mère.

Et la massive et uniforme statue de saint Christophe n'était point la seule qui s'élevât pour ainsi dire sur le Parvis. Près de l'Hôtel-Dieu était une image de pierre assez mal exécutée aussi, et tenant d'une main un livre, de l'autre un serpent. Les écoliers du collége des Dix-Huit, rue Neuve-Notre-Dame, affirmaient que c'était Esculape; mais le peuple ne connaissait pas à cette statue d'autre nom que celui *de Jeuneur de Notre-Dame*. Quelle pouvait être l'origine de ce sobriquet? Il doit y en avoir une; elle peut être curieuse, et si nous n'avions pas encore beaucoup de chemin à faire, nous la chercherions. Il se pourrait, après tout, qu'elle fût bien simple, et que le *populaire* eût trouvé que ce bloc de granit, que son estomac ne tourmentait jamais, était en effet le plus intrépide jeûneur.

Mais pourquoi parler au passé, comme si, dans ces rêveries historiques, nous n'étions réellement pas dans le présent, le présent de toutes les époques, que la mémoire nous fait apparaître ensemble, sur le même plan, en un clin d'œil, sous un seul éclair. Toutes ces cloches qui chantent à notre oreille, chacune pour sa grande solennité, ne nous reportent-elles pas à des journées diverses, séparées par des âges. Cependant les voix d'airain, réunies en un suave concert, nous font tout voir, tout entendre à la fois, sixième, douzième ou dix-septième siècle?

Eh bien! traversons le Parvis ou *Paradis*, car le premier mot n'est que la corruption du second, et certes il n'est aucun nom plus convenable au lieu qui conduit vers le sanctuaire. Le parvis de Notre-Dame est aujourd'hui, jour de la nativité de la Vierge, un paradis véritable, tant il est chargé de fleurs qu'y apportent les jardiniers des environs. Par malheur, à côté de ces riantes créations de Dieu, je vois, en 1313, se dresser l'échelle patibulaire de la haute justice du chapitre, les cloches bourdonnent un glas funèbre, et Jacques Molay et ses Templiers condamnés au feu par Philippe-le-Bel font amende honorable pour aller de là au bûcher qui s'allume sur la pointe de l'île, la même où, en 1845, nous voyons la statue de Henri IV. Revenons bien vite un instant à notre époque où les abords du temple de la justice divine sont dégagés de tous ces sinistres attributs de la justice humaine et du bourreau.

Mais le nom de Philippe-le-Bel, prononcé au milieu de ces promenades de la mémoire, peut-il nous éloigner longtemps de l'époque actuelle? Non pas, d'autant moins que nous voici devant l'*ostel* de Geoffroy Cocatrice ou Coquatriz, favori de ce roi, qui, cette année, en 1308, vient de loger deux jours dans le château du Val Cocatrix, près de Corbeil, la riante ville des bords de la Seine. Pourquoi l'ostel est-il donc encore ainsi en fête, entouré d'hommes et de femmes en grande parure? Est-ce que Philippe-le-Bel honore aussi de sa présence la demeure citadine de Geoffroy? Non pas ; c'est qu'aujourd'hui le sire de Coquatriz marie sa fille avec Guernier Marciau, le fils de Jacques Marciau, l'opulent drapier de la rue de la Pelleterie. Ne voyez vous pas le cortége nuptial qui sort de la rue Cocatrice et se dirige vers Saint-Pierre-aux-Bœufs, dont le carillon est en joyeuse volée, dont les voûtes sont embaumées d'encens fumant pour la pompeuse cérémonie qui s'apprête, dont les dalles disparaissent sous les fleurs, le fenouil odorant, dont la petite nef est pleine de femmes en robes éclatantes, rendues plus radieuses encore par les sillons de lumière écarlate, azur ou dorée, qui descendent des vitraux.

Et cette église de Saint-Pierre-aux-Bœufs, si riante, si fleurie, si parée en 1308, nous l'avons vue, il y a quinze ans, tombée dans la plus complète dégradation, devenue la resserre de je ne sais quel marchand de vieux linge, d'objets hors de service, de toutes choses délabrées, et aujourd'hui le petit temple, dont le portail était décoré d'une sculpture parlante, deux magnifiques têtes de bœufs, a disparu plus complétement encore, car les hautes maisons de la rue d'Arcole s'élèvent sur ses fondements bénis, ainsi que sur l'ostel de Geoffroy Cocatrice.

Ce n'est pas la seule église que nous ayons vu tomber, et tout en me demandant, comme un étymologiste monomane, d'où vient que ce nom de Cocatrice se trouve dans le vocabulaire anglais, où *cockatrice* signifie le *basilic*, ce fabuleux serpent que le peuple croit né de l'œuf d'un coq; puis, tout en cherchant dans le saxon l'origine de ce mot (*cock*, coq, et *atter*, serpent), j'arrivai devant Saint-Landry, qui était, dès le sixième siècle, la chapelle où Landeric, ce saint évêque de Paris, venait prier, puis au quinzième le port voisin de cette église fut la scène d'une imposante leçon donnée aux mauvais souverains. C'est là qu'Isabelle de Bavière, après avoir ruiné son pays adoptif, rendu son mari misérable, vendu le trône de France à l'étranger; après une vie de luxe, de faste, de somptuosités, après une mort misérable sur un lit sans amis, sans soupirs, sans larmes, sans adieu, fut honteusement embarquée un soir sur un bateau qui la descendit jusqu'à Saint-Denis, et la sépulture royale la reçut des mains d'un humble batelier. Telle fut la pompe dernière de cette méchante reine. Le petit-fils de Colin Bruniau, batelier comme son aïeul au port Saint-Landry, vient de me raconter cette sombre histoire; et puis voici que, tout à coup, vieilli de quatre siècles, je me trouve au milieu des ouvriers qui démolissent l'ancienne église, et, cédant à l'impression douloureuse que fait éprouver le renversement de toute chose consacrée par les âges, soit chêne séculaire, soit édifice encensé par les hymnes et les prières des générations, je me livre à cet accès de poésie morose qui cependant, je le souhaite et l'espère, ne troublera en rien le repos des habitants des maisons qui se sont élevées sur les ruines de Saint-Landry. Eh! mon Dieu! de nos jours la poésie n'a point de ces redoutables effets :

Chaque jour Landeric, évêque de Paris,
Au pied de ces autels élevait sa prière.
Plus tard, quand les Normands entassaient les débris,
Les reliques des saints trouvaient de sûrs abris
  Dans la nef et le sanctuaire.

D'Isabeau de Bavière on y porta le corps.
C'est de là, qu'une nuit, sur la déserte grève,

Un bateau la reçut et sans pieux accords,
Sans hymnes, la mena chez les illustres morts
    Sur lesquels Saint-Denis s'élève.

Et ce temple si vieux, je l'ai vu démolir ;
J'ai vu des ouvriers tailler ces vieilles dalles
Où tant de fronts courbés venaient se recueillir,
Et j'ai senti mon cœur en mon sein tressaillir,
    Et j'ai dit : « Demeures fatales ! »

Demeures qu'on bâtit avec de saints piliers,
Qu'embauma tant d'encens et depuis tant d'années,
Qui couvraient les tombeaux des clercs, des séculiers,
Des dames, des bourgeois, des hardis chevaliers
    Dont les tombes sont profanées.

Qui vous habitera, malheureuses maisons,
Entendra chaque nuit, soit qu'il dorme ou qu'il veille
Sous son lit murmurer de graves oraisons
Et l'orgue qui fut là, des plus étranges sons
    Toujours remplira son oreille.

Et les murs de sa chambre alors s'animeront
Car ils furent construits de pierres sépulcrales ;
Des fantômes pressés en linceuls sortiront,
Et, se donnant la main, viendront toucher son front
    En disant : « Demeures fatales ! »

Mais pourquoi faut-il que tout, dans nos méditations historiques d'aujourd'hui,

tourne au grave, au triste, au funèbre même, depuis la légende du chanoine Diocres jusqu'à cette inspiration lugubre que je viens d'évoquer? Mieux vaut écouter les mélodies riantes qu'épand dans l'air le clocher de Saint-Landry. C'est aujourd'hui en 813, que les frères du monastère de Saint-Germain-l'Auxerrois y apportent leurs reliques, car, dans leur église située hors de Paris, elles seraient exposées aux profanations des Normands. C'est pour le même motif que carillonne l'église Saint-Germain-le-Vieux, où les moines de l'abbaye de Saint-Germain-des-Prés mettent à l'abri leurs châsses et leurs reliquaires. Ce n'est point non plus pour une autre raison que bourdonne la cathédrale, heureuse de recevoir des mains des religieux de Saint-Marcel-lez-Paris les restes du saint évêque de la Cité ; et l'évêque d'alors s'engage solennellement à les remettre aux moines quand l'église sera construite tout entière ; car elle n'était pas achevée alors, comme je le dirai tout à l'heure.

Parmi les agitations que causèrent sur divers points de la France les invasions des hommes du Nord, fléaux si mémorables que pendant deux siècles les litanies conservèrent ce verset : *De la fureur normande, Seigneur, délivrez-nous !* parmi ces troubles toujours renaissants, ce ne fut certes pas un épisode d'un médiocre intérêt que le mouvement des châsses, *hiérothèques* et reliquaires, de tous les pays menacés, vers les pays tranquilles et sûrs. Du nord au sud, de l'est à l'ouest, le pays était sillonné de moines portant à un lieu de sûreté, soit mystérieusement et sans pompe, soit en procession et avec des hymnes suppliantes, les dépouilles mortelles du saint dont le souvenir était l'âme de leurs églises ou de leur couvent. Ce souvenir des bons et salutaires exemples forme, suivant moi, la plus précieuse de toutes les religions, et j'avoue que je rends peu de culte au froid tombeau ou aux ossements d'un mort dont je puis avoir la douce mémoire présente à ma pensée, immatériellement, comme il convient à une belle âme dégagée des liens du corps. Que m'importe l'urne qui renferme les débris mortels de Monthyon ? son plus beau monument est sa fortune consacrée à des actes de charité, et je ne vois pas de plus précieuse châsse de saint Landry que l'Hôtel-Dieu fondé au moyen de ses biens personnels, pas de plus beau et de plus indestructible reliquaire de saint Vincent de Paule que l'hospice des Enfants-Trouvés.

Du reste, les reliques qui fuyaient ainsi devant les hommes du Nord, débris révérés par la foi la plus sincère et la plus ardente, furent, chose remarquable, l'objet de plus d'un manque de foi, dans le sens de la fidélité à la parole et aux engagements. Notre-Dame, entre beaucoup d'autres asiles ouverts aux reliques fugitives, douna un exemple des subterfuges employés pour s'approprier des dépôts si chers. Une fois en possession de la châsse de saint Marcel, avec promesse de la rendre à l'église fondée par le neveu de Charlemagne aussitôt que la cathédrale serait achevée, il ne fut pas un chanoine, pas un archidiacre, pas un évêque qui ne tremblât à la pensée que le majestueux édifice une fois terminé, il faudrait restituer aux moines de Saint-Marcel le corps du saint, neuvième évêque de Paris. Cependant, au milieu de ces appréhensions pieuses, la construction de Notre-Dame approchait de sa fin. L'illustre évêque Maurice de Sully mettait la dernière main à l'œuvre, quand il avisa un moyen de se refuser aux sollicitations du chapitre de Saint-Marcel qui redemandait sa châsse, et ce moyen, ce fut de laisser sans clôture et sans couverture une petite partie du toit, au-dessus des voûtes du chœur. Ainsi l'édifice n'était pas complétement achevé sous Maurice de Sully, et l'imperfection préméditée se voyait encore au seizième siècle. Quelque pieux que que puisse être le motif de certaines actions, elles ne sont pas moins blâmables si elles sont contraires aux lois de l'équité, de la loyauté, de la fidélité à ses engagements. Voici la moralité du récit.

Mais quels sont ces chants qui viennent du côté du Petit-Pont? C'est la procession qui descend de Sainte-Geneviève-du-Mont, avec la châsse de la sainte patronne de Paris, pour secourir la population qui meurt du mal des ardents, brûlante torture des intestins, maladie dévorante que l'on a nommée *le feu sacré*. Nous sommes en 1130, et n'avez-vous pas vu de quelle foule de malades et de mourants est remplie la nef de Notre-Dame? Je regarde en effet du côté du petit Châtelet et je vois venir le saint cortége qui fait une station au portail du prieuré de Notre-Dame ; le petit oratoire où venait prier sainte Geneviève, cette première Jeanne d'Arc donnée au royaume de France. Quelle charmante figure que cette bergère de Nanterre, inspiration personnifiée, dont depuis quatorze siècles la peinture et la poésie ont tant et si gracieusement rêvé ! Sainte Geneviève n'est-elle pas un des plus gracieux et ravissants sourires de notre histoire, qui sourit si peu ?

Et tandis que, confondant toutes les époques dans mes rêveries, je contemple la procession de Sainte-Geneviève qui reprend sa marche après avoir donné, dès ce jour, au prieuré de *Notre-Dame-la-Petite* le nom de Sainte-Geneviève-des-Ardents, que cette paroisse perdra en tombant sous le marteau de 1747, voici que j'aperçois venir une autre procession : c'est celle des orfévres qui vont offrir le *Mai* à la Vierge dans l'église de Notre-Dame. Les orfévres, un des six corps marchands, eurent de tout temps la prééminence dans la Cité, car ce sont eux qui fabriquent les vases consacrés, calices, ostensoirs, châsses; ce sont eux exclusivement qui soutiennent, à la fête de l'Ascension, la châsse de saint Marcel que du moins l'on va porter en pompeuse visite à l'église dépossédée. L'origine de leur suprématie parmi les corps d'état est leur descendance du populaire et habile saint Eloi.

Voyez ces diverses églises, Sainte-Croix, où est une confrérie de flagellants, l'église des Barnabites, devant laquelle est le monument qui signale la maison où Jean Chatel fut élevé, Saint-Pierre des Arsis, Saint-Martial : tous ces édifices religieux occupent le terrain où fut le domaine donné par Dagobert à saint Eloi, et que celui-ci à son tour donna à sainte Aure, qui y fonda un monastère pour trois cents religieuses. Aure ! c'est un doux nom ; je crois me souvenir de l'avoir déjà remarqué en parlant de l'église de Saint-Paul ; oui, Aure est un doux nom, doux comme le zéphir, la brise, l'*aura* qu'il rappelle, et pourtant la vierge Aure n'avait pas toujours eu, s'il faut en croire la légende, la douceur par excellence, la douceur des femmes religieuses, des saintes, la patience. Un jour qu'elle était au chœur et que l'on célébrait la grand'messe, la psalmodie de l'évangile vint à être entonnée par un nouveau diacre, avec un accent si étrange et une si bizarre prononciation, qu'Aure en fut tout d'abord saisie comme d'une espèce de blasphème. Ce n'était pas la faute du pauvre diacre, qui n'était pas français et prononçait le latin comme dans son pays; ce n'était point sa faute, et cependant l'abbesse Aure s'en prenait intérieurement de plus en plus vivement à lui. L'impatience lui vint, puis l'injustice, puis la colère, puis la déraison, et voilà que, se dressant comme un ressort qui part après une longue compression, elle arracha son étole à l'officiant et entreprit d'achever de lire elle-même le saint évangile, fonction imposante attribuée aux hommes seulement. Pourtant la voix de la femme a assez d'onction et de suavité pour prononcer l'évangile, *la bonne nouvelle*; mais Aure avait enfreint la loi de l'église, elle avait surtout violé la loi de calme mansuétude dont doit être douée une religieuse, une supérieure, et un ange descendit tout aussitôt, la *reprit aigrement* et la condamna, en expiation, à réciter tous les jours, assise sur une chaise hérissée de pointes, un siége-cilice, les cent cinquante psaumes de la pénitence, pendant sept ans. Le châtiment était rude, il faut en convenir, et s'il était souvent appliqué, comme on se garderait du plus petit mouvement d'impatience! Quant à moi, je crois qu'en nous laissant cette narration, le légendaire a eu avant tout le but de tracer une leçon frappante en action, comme celle que contient la légende du chanoine Diocres.

Sous Philippe Ier l'église du couvent de Sainte-Aure tombait en ruines, la croisée surtout : le chœur, qui est bien en effet le *cœur* d'un temple, le lieu du chant et de la prière extatique, ce même chœur où la tradition suppose le merveilleux événement, devint l'église paroissiale de saint Martial, saint évêque de Limoges, porteur d'un nom guerrier que le peuple prononçait comme le pourrait faire un enfant à la langue délicate, *Maciel*. Quand à la nef, elle fut elle-même érigée en paroisse, sous l'invocation de saint Éloi, patron des orfévres, des arquebusiers, des horlogers.

Et ce n'était point le seul patron que vinssent adorer, dans les églises de la Cité, les corporations industrielles d'alors : les bateliers avaient à Sainte-Madeleine leur grand patron saint Nicolas, et, à Sainte-Marine, toute petite église paroissiale, les fabricants de lunettes et de miroirs se rendaient tous les ans pour célébrer la fête de leur caractéristique patron saint Clair, à qui la légende attribue le pouvoir de guérir les maux d'yeux. On voit que nos bons aïeux avaient fait, de ce nom romain d'un disciple de saint Martin de Tours, un pronostic heureux, une appellation de bon présage, un talisman et quelque chose d'analogue à ce que le blason nomme *armes parlantes*.

Mais nous avons prononcé le nom de sainte Madeleine en pensant aux confréries, et voici que les cloches de cette église s'élancent en grande volée pour célébrer une cérémonie imposante : c'est que la reine Blanche vient de s'affilier à la première de toutes les confréries, en date comme en importance, *la confrairie de Notre-Dame, aux seigneurs, prêtres, dames, bourgeois et bourgeoises.* Cette pieuse association embrassait donc la société dans tous ses rangs d'alors. C'est par ces agrégations, parties du sanctuaire, que se préparait lentement et se développait l'esprit d'association qui fait la force de notre époque.

Ne voyez-vous pas du bout de la rue de la Calandre, rue natale de saint Marcel, venir une marche grotesque qui va troubler la grande procession de la confrérie de la Madeleine? C'est le joyeux cortége de la corporation des pâtissiers, *nebularii*, surtout des pâtissiers qui fabriquaient des gâteaux légers comme le nuage, leur nom le dit : *nebula*, n'est-ce pas un petit nuage? N'avons-nous pas conservé le qualificatif *nébuleux*, et vos frères, mesdemoiselles, ne vous ont-ils pas quelquefois cité l'expression analogue des poëtes latins appelant une étoffe légère, du *vent tissu?* Ce cortége est composé d'hommes à cheval, représentant des anges, sous la conduite de saint Michel, et poursuivant, dans leur cavalcade, des diables rouges battant du tambour à contre-mesure. Mais les sergents du guet courent et empêchent la bouffonne procession de venir à la traverse de la grave procession qui rentre à la Madeleine du côté du grand pont, par l'autre bout de la rue de la Juiverie, seules traces de la synagogue qui exista dans les premiers siècles, là même où fut Sainte-Madeleine qui, à son tour, a disparu après avoir réuni à ses fidèles, ceux de Saint-Christophe et de Sainte-Geneviève-des-Ardents, églises tombées avant elle.

Et pourquoi donc la Sainte-Chapelle, « un des plus beaux bâtiments *à la moderne*, » remarque l'architecte Androuet du Cerceau, pourquoi la Sainte-Chapelle élance-t-elle dans l'air, du haut de son aiguille si menue, les accords les plus mélodieux ; c'est que l'on y célèbre l'anniversaire de la translation que saint Louis y fit des pieuses reliques venues de l'Orient, ou bien que l'on annonce la première messe du Saint-Esprit pour l'ouverture du parlement, que Philippe-le-Bel vient de rendre sédentaire, en la faisant dans son palais même. *La justice et la piété sont deux sœurs germaines issues du même sang*, dit un vieil annaliste, voilà pourquoi la Sainte-Chapelle, église royale, Notre-Dame, église de tous, sont si voisines du palais où se rend la justice égale pour les grands et les petits. Notre-Dame a toujours conservé sa sainte destination, quant à la

Sainte-Chapelle, vaste châsse et reliquaire précieux, elle est en quelque sorte aussi restée fidèle à sa vocation première : des reliques s'y gardent toujours ; mais bien celles de l'histoire générale, de la vie civile de chacun, des grands arrêts de la justice : la Sainte-Chapelle est le dépôt des archives du royaume.

Si nous n'étions forcé de terminer notre course à travers les rues sombres de la cité, nous nous arrêterions pour examiner cette boîte d'étain, renfermant un cœur, que l'on a cru être celui de saint Louis. Que ce soit celui du saint roi ou de l'architecte de la Sainte-Chapelle, Pierre de Montereau, ou de quelque chanoine du chapitre, qu'est-ce à présent que ce reste de chair en poudre sans l'âme qui le faisait battre, sentir et prier ?

Et puis la nuit vient : la cloche de Saint-Barthélemy sonne le salut du guet, fondé pour le repos de l'âme de deux archers tués, rue de la Vieille-Draperie, par trois gentilhommes ivres. Le soleil a disparu derrière les hauteurs qui dominent la Seine : voici à présent le couvre-feu qui descend à lents tintements du haut du beffroi du parloir aux bourgeois. La cité devient de plus en plus silencieuse, de plus en plus déserte; tous les ouvroies sont fermés ; tous les bourgeois endormis ; minuit approche ; voici le premier coup, le second, le dernier... Que sont ces petites lueurs qui se croisent en tout sens dans le cloître, sur le parvis, se dirigeant toutes vers Notre-Dame ? Ce sont les lanternes des dévots associés de *la Confrérie des Matines*, qui ont quitté leur lit pour venir à l'office nocturne annoncé mystérieusement, ainsi que le dit un chroniqueur dans un latin fort accessible à nos lectrices, par le son assourdi des *clochiæ mediocres sine carillono*. Mais à leur tour ces cloches médiocres, sans carillon, se taisent; on n'entend plus que le lent murmure de la psalmodic des chanoines et des chantres, et des confréries des matines. C'en est assez, taisons-nous ; silence ! Tout doit être calme à présent, prière ou sommeil.

LES RUINES

DE

MONTFORT-L'AMAURY

RAMBOUILLET.

MAINTENON. — LA DAME BLANCHE.

> Sous vos abris croulants je voudrais habiter,
> Vieilles tours que le temps l'une vers l'autre incline,
> Et qui semblez de loin sur la haute colline
> Deux noirs géants prêts à lutter.
> V. Hugo.

Ce vœu, si magnifiquement exprimé, pourrait bien être encore plus imprudent que poétique, et les tours, dans leur posture de gladiateurs en présence, se penchant l'un vers l'autre pour se frapper, se menaçant enfin, les tours ne seraient guère moins inquiétantes pour leur voisin que les ruines de Montlhéry ne le sont pour la cabane télégraphique qu'elles dominent, ou, pour les Andelys, les masses délabrées du Château-Gaillard. Au moyen de la gravure, qui est pour les objets du domaine de la vision ce qu'est la typographie pour les créations de la pensée, nous nous sommes donc hâté de rendre durables, autant qu'il appartient aux choses de ce monde, les décombres du château d'Amaury, comte de Montfort, ce château *que fit bâtir et édifier de très forts murs et puissantes tours* le saint roi Robert II. Le nom du monarque donne la date des ruines.

Ainsi, du dixième au onzième siècle s'éleva la citadelle-maison de plaisance des Montfort, et peut-être le peu de pierres qui en restent debout ont-elles entendu le dévot souverain psalmodier les hymnes et chants d'église qu'il composa. Ces chants, ces hymnes durent alors résonner pour la première fois dans la nef souterraine, mystérieuse église profondément creusée sous les tours, et à laquelle se rattache une vieille histoire de veillée que peut-être nous raconterons plus bas pour nous reposer des détails historiques.

Dans ces peintures à cadre restreint, nous ne pouvons, du reste, prétendre déployer des arbres généalogiques qui, d'ailleurs, ne seraient pas aussi riants à regarder que ceux dont le printemps, empressé de regagner le temps perdu, fait verdoyer à vue d'œil les branches autour de nos ruines. Donc, sans nous arrêter auprès d'Amaury Ier, pour qui le château fut bâti par le roi Robert, sans faire un plus long séjour devant Simon Ier, Amaury II ou à côté de Simon II, qui épousa l'héritière du comte de Leicester, Amicie, doux nom qui nous parle de ce qu'il y a de meilleur au monde, l'amitié, nous irons droit à son fils, Simon III, comte de Montfort et de Leicester.

Comment, lui dirons-nous, n'avez-vous pas cédé aux bonnes influences que dut répandre sur votre berceau ce gracieux nom de votre mère ? Certes, vous n'aviez guère de sentiments amis dans le cœur vous qui, obéissant au farouche appel fait en 1206, vous êtes précipité, en combattant cruel, contre vos frères, contre des Français comme vous, les Albigeois, et, sous prétexte de religion, avez versé des torrents de sang, quel blasphème ! La créature détruisant l'œuvre du Créateur, et, par un mensonge non moins présomptueux que sacrilége, prétendant ainsi le venger des hommes ! Attribuer à Dieu nos misérables colères, répétons-le, quel blasphème !

Et cependant Simon de Montfort reçut une riche récompense pour ses sanglants services, récompense qui, au fond, m'eût semblé une flétrissure, car elle se composa des dépouilles des malheureux Albigeois. Ainsi il devint comte d'Albi, de Toulouse ; il l'était déjà de Leicester ; puis Guy de Montfort, son frère, gagna, à la terre sainte, *la comté* de Sidonie. Amaury, le connétable de saint Louis, revenant aussi de combattre en Palestine, laissa une branche de son arbre généalogique sur l'île de Chypre, où elle fleurit et fructifia, tandis que d'autres Montfort, Guy, Philippe ou Simon allaient, par des alliances, acquérir titres et grandeurs soit en Angleterre, soit dans le pays de Naples ou dans le comté de Bigorre. Le treizième siècle fut la grande époque de cette famille ; car toutes les dignités y affluèrent, depuis la connétablie, sous Louis IX, dans la personne du comte Amaury, jusqu'au pieux gouvernement de l'abbaye de Port-Royal par Perrenelle de Montfort. Cette pieuse fille n'avait pas été chercher loin du château natal son calme domaine, car *Port-Royal*, malgré son titre pompeux, se cachait humblement dans la tranquille et pittoresque vallée de Chevreuse.

La religieuse résidence de la mère Perrenelle est aujourd'hui plus ruinée encore que la résidence militaire des sires de Montfort, et cependant le château tomba bien avant l'abbaye, car la comté de Montfort passa, d'alliance en alliance, dans la maison de Dreux, d'où elle alla se fondre dans la duché de Bretagne, au milieu des luttes célèbres de Jean de Montfort et de Charles de Blois ; puis la reine Anne apporta dans son manteau d'hermine la comté de Montfort-l'Amaury à la couronne de France. Ainsi la faible rivière se perd dans le fleuve, et du fleuve dans l'Océan.

Depuis lors, il n'est plus question de la maison de Montfort qu'à cause de ses ruines devenues un lieu de curiosité et de promenade. Des arbres disposés avec art, des allées riantes conduisent à ces décombres, les entourent, et sous ces solennels débris vient danser la jeunesse du pays aux jours de fête, tandis que les vieilles gens se racontent, en montrant le lieu où fut l'église souterraine, bien des traditions qui s'y rattachent. C'est un contraste à la fois plein de mélancolie et de charme que ces rondes joyeuses, animées, bruyantes, sous ces restes imposants, sombres, silencieux : tristes murailles croulantes, elles répètent en longs échos les chants et les rires.

Ainsi que nous le disions, il y a peu de temps, des châtelains de Pierrefonds, ceux de Montfort-l'Amaury pouvaient, de leurs hautes tours, voir au plus loin arriver toute visite, soit bienveillante, soit hostile. La vaste forêt des Yvelines, plus connue sous le nom de forêt de Rambouillet, s'étendait sous leurs yeux, et au delà de ces immenses tapis de verdure formés par les cimes pressées des arbres séculaires, leur apparaissait le château qui a donné son nom à la forêt.

La maison de Rambouillet aurait été autorisée à prendre le pas même sur la vieille maison de Montfort-l'Amaury, si la première de ces seigneuries ne fût allée se joindre aux domaines de France et se perdre dans les joyaux de la couronne dès le règne de Hugues Capet, pour être, six siècles après, le théâtre de la fin du règne de François Ier. C'est à Rambouillet qu'il mourut en 1537. Quant à l'histoire générale, c'est là le seul fait que rappellent les cinq grosses tours du château, et, pour l'histoire particulière des familles seigneuriales du pays, à peine retrouvait-on naguère dans l'église un des nombreux tombeaux des sires d'Angennes, une pierre tumulaire portant un chevalier à genoux, armé de toutes pièces, mais ayant son gantelet devant lui, en signe de mort naturelle. Dans ces jours où les triomphes de la lance et de l'épée étaient regardés comme les seuls éléments de gloire, faire connaître à la postérité par l'emblème, soit d'un gantelet vide, soit d'un levrier endormi, soit d'un lion sommeillant, la fin humble et tranquille d'un seigneur gisant sous la froide pierre, c'était en quelque sorte marquer sa mémoire d'une flétrissure.

Pourtant ce sire d'Angennes avait peut-être péri dans une guerre aussi périlleuse que celle que l'on fait aux hommes, la guerre qui poursuit les sangliers dans leurs formidables retraites, car Rambouillet fut toujours le lieu de chasse par excellence. Combien ses antiques chênes ont-ils vu de rois et de princes courre le cerf à travers les trois cents lieues de route qui sillonnent les trente mille arpents de la forêt! Combien les échos des massifs épais ont-ils répété de *halalis*, produits par un souffle puissant devenu dernier soupir!... Combien de fois les étangs qui brillent çà et là au milieu des hautes herbes des clairières comme des miroirs au soleil ont-ils reçu dans leurs eaux les grosses larmes des cerfs aux abois, pauvres créatures dont les élégantes troupes vinrent, là, si longtemps se désaltérer les matins et les soirs! C'est en commémoration de ces hauts faits, sans dout que l'on a donné pour principal ornement aux vastes écuries du manoir deux cent quatre têtes de cerf sculptées et coloriées.

Mais le château de Rambouillet ne rappelle pas seulement des souvenirs de chasse : la mémoire y retrouve la société formée par les familles de Montausier, de Rambouillet et d'Angennes. Elles ont quitté leur quartier d'hiver de Paris, leur hôtel de la rue Saint-Thomas-du-Louvre, et les voici installées pour la belle saison dans leur magnifique résidence. Les vingt quatre appartements de maître sont tous occupés, et parmi les hôtes nous retrouvons certainement madame de Sévigné, notre amie, elle qui fut, on le conçoit, un des plus beaux ornements de l'hôtel de Rambouillet, dont Fléchier a dit que « c'était une cour choisie, nombreuse sans confusion, modeste sans contrainte, polie sans affectation. » Ce cercle d'élite, s'ouvrant après les troubles du siècle précédent, troubles qui réagissent toujours sur les esprits et sur les âmes, fut un asile réparateur offert aux intelligences et aux pensées qu'avaient égarées et troublées les agitations politiques. Là on retrouvait les traditions de noblesse, de pureté, d'élégance, de politesse, de bon goût enfin, et avec le bon goût revenaient les bonnes mœurs.

Mais quels mots venons-nous de prononcer à propos de l'hôtel de Rambouillet ! Le bon goût ! Il faut avouer que s'il s'y conserva sous le point de vue des rapports sociaux, il s'y gâta et s'y perdit entièrement en ce qui concerne la littérature. L'exagération est pour toutes choses, les meilleures même, un véritable fléau ; et à force de vouloir se distinguer et devenir *beau monde* (le mot date de cette époque), on devint un monde prétentieux, grimaçant, puis cette affectation des manières passa dans le langage. La rage de ne pas parler comme tout le monde produisit alors chez les *précieuses* un étrange idiome, dont le *fauteuil qui tend les bras* est un échantillon que Molière a rendu immortel. Que de fois, tandis que la plus célèbre des sept cents précieuses enregistrées par Somaize se promenait dans les magnifiques jardins de Rambouillet, le soleil dut-il être salué de ces périphrases par lesquelles le désignaient les bureaux d'esprit, *le plus beau du monde, l'époux de la nature !* Si les abondantes eaux qui baignent le domaine de Rambouillet pouvaient nous dire combien de bouches les appelaient *miroirs célestes*, nous serions émerveillés, et en entendant l'écho de ces longs adverbes chers aux *compagnes* de l'hôtel de Rambouillet, *fortement, furieusement, terriblement, indiciblement*, nous ne pourrions nous empêcher de redire avec Molière, le franc et naturel ennemi du faux et du fard :

Ces *quatre* adverbes joints font admirablement !

Ne rions pas trop, ou nous pourrions fort bien rire de nous-mêmes, car Molière trouverait encore de nos jours bien des précieuses à relever sur ce point. Ah! quand il entendrait, dans la conversation la plus familière, la plus tranquille, affluer les expressions : *c'est une horreur! je suis désespérée! je suis ravie, transportée! c'est affreux!* et tout cela à propos d'une robe mal faite, d'un bal manqué, promis, d'un mets mal préparé ou d'un ruban qui n'est plus à la mode, certes Molière commencerait d'abord par éclater, et puis il nous demanderait avec son haut bon sens quelles paroles nous aurons pour exprimer les douleurs véritables ou les véritables joies, si nous dépensons si prodiguement pour si peu.

Mais revenons à Rambouillet. Le fait est que l'hôtel de ce nom tendait à devenir, de rendez-vous d'une société élégante et lettrée sans pédanterie, une prétentieuse et magistrale académie de femmes, semblable à celle qu'avait essayé de fonder la lourde mademoiselle de Gournay, fille adoptive de Montaigne, et fille bien indigne d'un père doué du naturel le plus exquis. La réunion académique établie ensuite par madame Desloges, l'amie de Balzac, vint troubler le sommeil des précieuses, et le *sénat féminin* de la vicomtesse d'Auchy leur semblait l'établissement le plus nécessaire à faire revivre. Elles ignoraient et feignaient donc d'ignorer que Balzac, leur hiérophante, avait cependant osé qualifier ces académies en jupons de *maladie du siècle*. Ce serait en effet pour la société un véritable mal si les femmes, renonçant à remplir les fonctions les plus hautes et les plus belles, soit près des êtres souffrants et malheureux, soit dans la famille, entre leurs époux et leurs enfants, se constituaient jamais en corps savants, en académies, qui sait? en chambres politiques, en parlements! Oui, certes, redisons-le, ce serait un grand mal pour la société et aussi pour elles-mêmes; car dans ces luttes, ou viriles ou ridicules, elles perdraient tout leur charme non moins complétement que ces viragos dont les foires de village nous montrent les bras musculeux brandissant le fleuret ou portant des fardeaux à faire plier un hercule.

Enfin l'hôtel Rambouillet ne devint point le siége d'une académie en titre, non, pas plus que le château ; puis, un siècle après, les précieuses furent remplacées dans ces jardins, dans cette forêt magnifique, par des êtres tout simples, tout naturels. Louis XVI fit du château de Rambouillet une pastorale, une ferme, une bergerie, et c'est là que, pour la première fois, des mérinos se dépouillèrent, à notre profit, de leur chaude et moelleuse toison. Ces hôtes utiles n'ont plus, depuis lors, quitté leur domaine, et des chèvres d'Angola, du Tibet, sont venues prendre dignement place entre eux et les chevaux élégants que l'on y forme pour les lancer plus tard, dans la forêt, sur les traces des daims et des cerfs, pauvres victimes que l'on élève également avec le plus grand soin sous les ombrages d'un parc réservé.

Et lorsqu'il y avait grande chasse dans les bois, et que, du fond des massifs, s'élevaient les sons retentissants du cor si doux à entendre dans la distance, qu'il devait y avoir de charmes à écouter, du haut du donjon du château de Montfort-l'Amaury, ces bruits monter vers la haute plate-forme ou s'épandre sur la contrée bornée à l'horizon par ce haut clocher de Chartres qui, non moins que la tour de Montlhéry, poursuit d'un bout à l'autre de la Beauce le regard du voyageur !

Mais puisque, de ce point culminant, notre œil atteint un si lointain horizon, il doit, chemin faisant, apercevoir deux tours, l'une ronde, l'autre carrée, que baignent de limpides eaux où se mire un château miparti du seizième et du dix-septième siècle: c'est le château de Maintenon. A coup sûr, ce lieu ne serait guère célèbre s'il n'avait d'autres souvenirs que celui des seigneurs qui y vivaient en 1473 ; mais le nom d'une femme illustre y règne. C'est une impérissable royauté que celle dont madame de Maintenon fut couronnée, non par la main qui la fit monter sur le trône, mais par son talent, son bon sens exquis, sa haute raison. Elle et madame de Sévigné acquirent de la gloire, sans la chercher, par des lettres, des épanchements intimes, des confidences écrites, et non point par des discours d'athénée, d'hôtel Rambouillet, d'académie. Les lettres de ces deux femmes sont bien ce que doivent être des lettres, la vive expression de l'esprit et de l'âme, des échos, des miroirs fidèles. Celles de madame de Sévigné ont l'éclat et la vivacité de leur auteur ; celles de madame de Maintenon réfléchissent la raison exquise à laquelle Louis XIV rendait hommage un jour qu'il adressa à madame de Maintenon ces paroles : « Au pape on dit *Votre Sainteté*, au roi, *Votre Majesté* ; mais à vous, madame, on devrait dire *Votre Solidité*. » En effet, les écrits de madame de Maintenon témoignent du jugement le plus sûr, le plus solide, joint d'ailleurs à un esprit assez fin pour trouver des traits tels que ceux-ci :

« Écrivez-moi les moindres détails, des riens ; mon amitié pour vous en fera des choses »

— « Elle n'a de bourgeois que sa vanité sur la noblesse. »

Cette dernière ligne est exquise, n'est-il pas vrai ?

Heureux les possesseurs actuels de cette demeure, qui est d'ailleurs une maison de plaisance admirable avec son parc et ses jardins, où serpentent deux rivières, l'Eure et la Voisse ! Aux jours de la grandeur de Louis XIV, l'Eure faillit monter au plus haut degré de faveur, et aller porter ses ondes au royal Versailles. D'immenses travaux, dont on voit encore les traces à Maintenon, furent entrepris à cet effet, de 1684 à 1688 ; mais les guerres malheureuses les firent suspendre, et l'Eure, laissant à la Seine le soin de gravir les hauteurs de

Marly, resta tranquille dans son lit bordé de fleurs.

Et du haut de ce donjon de Montfort, sur lequel nous nous élevons par la pensée, la vue s'étend au plus loin sur les plaines de la Beauce, cet océan de blés ondoyants; et la pensée, s'étendant avec le regard, est tentée de remonter au plus loin vers l'horizon des âges. Alors le peuple du pays Chartrain lui apparaît résistant, il y a quinze siècles, à l'invasion romaine; plus haut, cueillant le gui de chêne dans les forêts consacrées; et plus haut, bien plus haut encore, les druides descendant en droite ligne du roi Dryus, petit-fils de Noé, et dont les antiquaires de Dreux veulent retrouver le nom dans celui de leur ville, car les archéologues chartrains assurent que les Gomérites vinrent peupler leur pays très peu de temps après le déluge.

N'allons pas plus loin. Si, pour nous distraire un instant, il nous faut des chimères, de fantastiques tableaux dans les nuages, des rêveries, cherchons-les plus près de nous. Les contes ne manquent nulle part, aux veillées de la Beauce moins que partout ailleurs. Descendons de la haute colline sur laquelle s'élèvent les ruines, et entrons un instant dans cette maisonnette où brille une lumière, mais une lumière faible et qui annonce par sa tremblotante débilité qu'il y a déjà longtemps que la veillée dure. En effet, les fuseaux ne tournent plus si vite, les rouets se ralentissent, et un murmure analogue à celui des rouets s'échappe de dessous les coiffes de quelques bonnes vieilles ; on parle de se séparer. Enfin il est tard, bien tard ! et voilà que l'horloge de l'église commence à sonner... Quelle heure? Un... deux... trois... quatre...! Toutes les jeunes filles comptent d'une voix grave, d'un air tout à fait solennel, cinq... six... sept... huit...! Et les enfants de se rapprocher de leurs mères... Neuf... dix... onze... douze! Minuit !

« Oh ! la voici bien à son heure ! elle n'y

manque jamais ! » En disant cela, les fileuses et couseuses de la veillée se montrent les ruines qui dominent la chaumière, et, autour des ruines, quelque chose de blanc se mouvant avec lenteur. C'est tout simplement un rayon de la lune sur laquelle passent par intervalles des nuages poussés à peine par une faible brise ; c'est un rayon qui paraît et disparaît ; mais non pas : pour une bonne et croyante veillée, c'est une *dame blanche*, la dame blanche des ruines.

Écoutons maintenant la vieille narration de l'assemblée, nous apprendrons quelle est cette dame blanche, et pourquoi elle apparaît ainsi au dernier coup de minuit, heure si imposante pour la crédulité villageoise, cette heure qui, à Montfort-l'Amaury, est l'objet d'une croyance toute particulière ; mais, avant tout, il faut savoir qu'outre l'église du pays, bel édifice construit par les Anglais et orné de vitraux magnifiques, il existait au pied même du château une église souterraine, profonde, et dans laquelle on n'arrivait que par un escalier long, étroit, un escalier de trente ou quarante marches. La tradition des légendaires du bourg n'a pu atteindre à plus de précision, et cependant il n'est point indifférent que ce soit l'un ou l'autre nombre ; voici pourquoi : c'est que toute fille, tout garçon qui parvenait à descendre jusqu'au porche de cette église, à frapper trois fois au portail et à remonter l'escalier pendant que tintaient les douze coups de minuit, avait l'assurance, la certitude d'un mariage dans le cours de l'année.

Vous, mesdemoiselles, qui avez le bonheur de vivre au milieu de familles qui vous aiment, vous choyent et songent pour vous à l'avenir, vous qui, éclairées par une bonne éducation, savez qu'il nous est impossible de pénétrer les secrets de la volonté divine, vous ne vous doutez certainement pas de toutes les sottises que de pauvres filles isolées, ignorantes, inquiètes de leur lendemain, ont imaginées pour tâcher de découvrir quand et comment elles se marieraient. Ayez donc pitié de ces aveugles créatures, tout en riant de leurs grotesques inventions. Tantôt trois feuilles de laurier, portant chacune écrit le nom d'un des trois rois mages et collées au front, devaient leur faire voir en rêve un futur mari. Un moyen analogue employé dans la même intention, mais bien moins délicat, c'était le morceau de fromage mis sous l'oreiller la veille de la fête de sainte Agnès ; tantôt c'était une invocation adressée à la lune dans la première nuit du premier quartier par les jeunes paysannes anglaises. Ici, les filles d'Écosse jetaient dans le feu, la veille de la Toussaint, plusieurs noix en donnant à chacune un nom, et celui que portait la noix que faisait éclater la flamme était le nom destiné à la curieuse. Là, des foules de filles superstitieuses sortaient à la hâte, à la première lueur de l'aube, le jour de la Saint-Valentin, persuadées que le premier garçon qui se présenterait à leur vue était l'époux que l'avenir leur réservait. Cette dernière croyance, non moins folle que les autres, nous ramène tout droit à la légende de la dame blanche de Montfort.

Vers la fin du quinzième siècle vivaient, dit-on, dans le pays, deux jeunes filles qui, suivant la tradition, songeaient à se marier, et croyaient fermement connaître le jeune homme qui pouvait aspirer à leurs mains, parce que, dès le point du jour, à la Saint-Valentin passée, elles l'avaient aperçu en même temps l'une et l'autre. Elles ne pouvaient cependant pas toutes les deux avoir la prétention d'être sa femme; mais pour fixer son attention, son affection, elles luttaient d'efforts : l'une espérait y parvenir en se couvrant de coquets atours, de rubans, de colifichets coûteux qu'elle ne se procurait qu'en ruinant le pauvre ménage de sa mère; aussi la surnommait-on la *Glorieuse*. Sa rivale, au contraire, ne cherchait à se montrer digne du sort qu'elle enviait qu'en redoublant de soins et de dévouement pour sa vieille mère infirme; au lieu de la voir dissiper en folles parures les ressources bien insuffisantes de la maison, on la trouvait toujours à l'œuvre, toujours au travail, bien avant dans la nuit, le matin de bien bonne heure; aussi quand le voisin de la Saint-Valentin rencontrait la *Blonde* bien simplement vêtue, mais belle de sa bonne et sage conduite, il lui disait bonjour d'un ton affectueux, en lui souriant du fond du cœur comme à une excellente créature. Pour la *Glorieuse*, au contraire, il avait à peine une parole, à peine un salut.

Mais il était riche, et la *Glorieuse* n'aspirait à être sa femme que pour dépenser plus encore en toilette et être paresseuse plus à son aise. Elle ne pouvait donc supporter la pensée qu'il lui préférât la *Blonde*. C'est dans un de ces moments de jalouse anxiété qu'elle forma le projet de descendre à minuit jusqu'au portail de l'église souterraine et d'en remonter pendant que sonneraient les douze coups prophétiques. Or, par une coïncidence bizarre, la *Blonde* venait, le matin même, de prendre une résolution semblable pour la même nuit.

On aurait pu croire, à en juger par la sagesse et la raison qu'elle montrait, qu'elle n'ajouterait pas la moindre foi à ces folies, et se dirait, en fille sensée, que l'avenir ne pouvait dépendre de la plus ou moins grande légèreté avec laquelle elle saurait descendre et monter les trente ou quarante marches; mais on était si crédule en ces jours ignorants!

Ici, faisant à mon aise le conteur de légendes, je pourrais en composer une de toutes pièces, avec détails touchants, effrayants, sinistres; la sortie des deux jeunes filles de leurs chaumières, un peu avant minuit, leur marche silencieuse, inquiète, isolée, par une nuit sombre; leur arrivée presque simultanée à l'entrée de l'escalier fatal, et, au premier coup de l'heure solennelle, l'élan que, sans se voir, elles prennent l'une et l'autre pour franchir rapidement les degrés... Un narrateur de nouvelles tirerait de tout cela un merveilleux parti, et avec quel art il pourrait exciter l'attente, l'angoisse, la terreur, en comptant chacun des tintements prolongés de l'horloge! Mais dans les esquisses que je cherche à tracer, je veux être avant tout historien et non romancier. Je laisserai donc à l'imagination de mes lectrices le soin de se représenter cette scène mystérieuse; je me bornerai à dire que, suivant les bonnes femmes, la *Glorieuse*, en remontant, reconnut la *Blonde* à un cri de joie que celle-ci poussa, car elle avait posé le pied sur le dernier degré au dernier coup de minuit.

La *Glorieuse*, au contraire, avait encore deux marches à franchir! Saisie d'une jalouse fureur, elle ne put supporter l'idée que la *Blonde* l'emporterait sur elle, et, trouvant dans sa rage une force maudite, elle tira si rudement la *Blonde* en arrière qu'elle lui brisa la tête sur les pierres de l'escalier, jusqu'au bas duquel le cadavre roula. La justice se chargea de punir ce crime, et quelques jours après l'enterrement de la *Blonde*, la *Glorieuse* fut condamnée à mort.

Et c'est ici que les contes de vieilles nous révèlent tout ce qu'ils ont de menteur, puisque beaucoup d'entre ces bonnes femmes affirment que la dame blanche, qui apparaît autour des ruines de Montfort, est l'ombre candide et pure de la *Blonde*, tandis que d'autres attestent que ce fantôme est celui de la coupable, de la fille criminelle, de la *Glorieuse*. Il est tout naturel de conclure de là qu'il n'y a point du tout de fantôme, et qu'il faut renvoyer cette dame blanche avec celle de Walter Scott, celles que toutes les ruines ont sur leurs donjons croulants, ou celles qui, bien plus effrayantes, en vérité, apparaissant en plein jour, viennent, dit-on, aujourd'hui encore, annoncer à certaine cour de la rêveuse Allemagne la mort de quelque membre de leurs familles. Ridicules chimères ! Les spectres et les fantômes ne sont qu'en nous ; remords menaçants si nous sommes poursuivis par le souvenir de quelques fautes, visions caressantes et douces si nous n'avons que de bonnes actions à nous rappeler. Apparitions terribles ou suaves, ce sont les reflets d'une conscience soit troublée, soit tranquille.

LE CHATEAU DE NANTES

LE CHATEAU DE LA BARBE-BLEUE

L'ABBAYE DE MELLERAYE.

C'est de mon pays que je vais parler et de cette noire masse de tours, de bastions, d'épaisses murailles qui étonnait mes premiers regards, lorsque, dans les nombreuses allées du cours Saint-Pierre, laissant errer mon œil sur l'horizon, je suspendais un instant mes constructions de sable. Invariable jeu des premières années, est-ce un pressentiment, un présage de ces plans, de ces projets, de ces travaux qui, plus tard, s'affaissent et s'écroulent devant l'homme comme ces monticules de sable qu'élevait avec amour la main de l'enfant? C'est de mon pays que je vais parler et de cette riante et calme rivière de l'Erdre, sur les bords de laquelle j'aimais à cueillir les pâquerettes aux franges rosées, les bassinets d'or luisant au soleil, les marabouts aériens de cette graminée bien nommée, je crois, *briza*, par les botanistes, car cet épi est véritablement une brise. Je vais parler de mon pays natal; on me pardonnera donc de me laisser voir quelquefois à travers ces souvenirs historiques, et de dire ce que j'ai senti, éprouvé, rêvé en me les rappelant. Il n'est rien de plus mauvais goût, de plus fatigant, de plus insupportable même, car c'est de l'égoïsme que d'occuper de soi ceux à qui l'on parle, de bouche ou par écrit. Mais les réminiscences des premiers jours sont si douces, si bonnes, si chères! D'ailleurs, et sauf quelques détails secondaires, elles sont les mêmes pour nous tous ; elles ne trouvent donc jamais d'indifférents, car, en écoutant les premiers ressouvenirs d'autrui, chacun de nous leur donne mentalement l'aspect, la forme, la vie des siens propres, et ainsi y prend intérêt comme à des sentiments intimes et personnels : nous sommes donc assuré du pardon.

L'histoire du château de Nantes, vaste tableau que nous devons réduire aux proportions de notre cadre si restreint, a pour premier plan un détail précieux et sous le rapport pittoresque et sous le rapport historique. Le duc de Bretagne, Alain Barbetorte, venait, en 938, de défaire complétement les Normands, qui, depuis près d'un siècle, dévastaient, déchiraient par des incursions annuelles ou même tenaient constamment sous leur joug de fer *la* duché de Bretagne et le comté Nantais. Cette victoire, qui délivra pour toujours le pays, s'accomplit dans une prairie de trois lieues que traverse la Loire et que l'on nomme la *Prée* de Mauves, comme le faisaient nos aïeux, comme le fait encore le peuple, comme l'appelèrent mes premiers balbutiements. Doux mot de l'enfance de la langue, j'aime à le conserver aussi précieusement qu'une image de ma mère.

La première pensée d'Alain, en quittant la prée si vaillamment illustrée, fut de venir remercier Dieu. Il n'eut donc qu'à franchir une légère éminence, sur laquelle se déploie aujourd'hui la promenade dont j'ai parlé en commençant cet article, et arriva devant la cathédrale; mais quelle scène désolée! Le parvis et le seuil de l'église étaient encombrés de ronces, d'épines, de haies touffues qui disaient bien éloquemment pendant combien d'années Nantes avait gémi sous l'idolâtrie des hommes du Nord. Pour pénétrer dans le temple, et jusqu'au lieu où fut l'autel qu'il releva, il lui fallut donc faire usage de son épée, par le tranchant de laquelle il ouvrit, à lui et à son armée, un chemin à travers cette végétation pressée qui s'étend avec tant de luxe dans les solitudes et les ruines.

Ce fut après cette saisissante visite au sanctuaire profané, que le duc Alain songea à réparer les désastres immenses laissés par les Normands, puis il construisit une forte tour que l'on nomma la *Tour-Neuve*, et qu'il habita jusqu'à sa mort, arrivée en 952. Ses successeurs continuèrent d'avoir pour palais cette forteresse, que le peuple, sanctifiant l'emblème de la Bretagne, nommait aussi la tour de *Sainte-Hermine*. Le duc Conan fit agrandir cet édifice qui devint alors le château de la Tour-Neuve, dont, en 1258, une sentence de l'archidiacre de Nantes et du sénéchal de la ville, concéda au duc Jean Ier et à ses successeurs la jouissance à perpétuité. A perpétuité! Pour comprendre ce qu'il y a de vide, de néant dans ce grand mot, que l'on se demande aujourd'hui ce que sont devenus les ducs de Bretagne, ce qu'est devenu leur fort château!

Nous le saurons plus tard. Avant d'arriver à l'état actuel, il avait encore plusieurs siècles de splendeur devant lui, soit qu'il fût le séjour aimé des ducs, soit qu'après la réunion de la Bretagne à la couronne de France il se décorât, à l'avénement de chaque nouveau roi de France, pour le recevoir dans ses antiques et puissantes murailles, devant lesquelles Henri IV s'exclamait : « Ventre-saint-gris! les ducs de Bretagne n'étaient pas de petits compagnons! » Alors le calme cours Saint-Pierre était le théâtre des jeux guerriers de l'époque, ainsi que l'indique son ancien nom de *Place des Lices*. Cette éminence, que traversa Alain Barbetorte pour se rendre de la prée de Mauves à la cathédrale, servait donc alors aux passes d'armes, aux tournois, aux joûtes de la lance et de l'épée, comme plus tard elle entendit s'engager dans son voisinage les joûtes de la parole et de l'éloquence des assemblées délibérantes, des États, autres lices ouvertes à des débats non moins ardents et plus fertiles en conséquences que ceux du glaive; aussi la Place des Lices devint-elle *Cours des États*.

A côté de ces riantes images de pompes et de fêtes, on trouve bien dans les annales du château de Nantes des épisodes sombres ou touchants; tels que le procès et la condamnation de Gilles de Retz, le vulgaire *Barbe-Bleue*, dont nous parlerons bientôt, et la mort de l'indigne favori du duc François II, Pierre Landais. Le nom de François II nous rappelle la triste et humble vie de la duchesse Françoise d'Amboise, sainte et charitable femme si importunée de sa grandeur, si dévouée aux souffrances obscures, et qui endura tant sous ses robes et son chaperon d'hermine avant d'obtenir la faveur, depuis longtemps enviée, de revêtir le scapulaire des carmélites. Le vieux château pourrait nous dire aussi comment le duc de Mercœur, gouverneur de Bretagne, le fit fortifier encore dans l'intérêt de son ambition et de la guerre civile qu'il voulait soutenir, ou bien comment le surintendant Fouquet, dont nous avons, dans une autre partie de ces souvenirs, admiré les fêtes de Vaux, fut assez perfidement arrêté à Nantes pendant que Louis XIV séjournait au château, moyennant l'immémoriale redevance de trente-cinq sous par nuit, payés au curé de Sainte-Radegonde, paroisse sur le territoire de laquelle était située cette forteresse.

Un des plus beaux souvenirs qui se rattachent à ce château, c'est l'édit par lequel, le 30 avril 1598, Henri IV mit fin aux discordes excitées sous le saint nom de la religion. Par malheur cette décision conciliante ne tarda point à être attaquée, sourdement d'abord, par le cardinal de Richelieu, sous le règne de Louis XIII, qui n'a laissé de sa visite à Nantes d'autres traces dans les annales de la ville, que le compte des dépenses du feu d'artifice tiré sur la plate-forme des tours de Saint-Pierre, afin que le roi en pût jouir sans sortir du château. Peut-être, pour admirer le magnifique spectacle de cette splendide éruption aérienne, était-il monté sur la plate-forme de la grosse tour que j'ai vue couronnée d'un charmant jardin. Et quelle vue admirable on découvrait de ce parterre suspendu : la ville à ses pieds, le cours de la Loire au milieu de vastes quais, puis le calme flot s'épanchant et coulant à son aise à travers la verdoyante prée de Mauves! Ce fut cette partie du fleuve qui favorisa l'évasion du cardinal de Retz, détenu en 1654 au château de Nantes, non point pour des crimes horribles, tels que ceux du maréchal Gilles de Retz, mais pour de coupables menées, bien indignes d'un souverain de l'église. Prêtre et factieux, ministre de paix et brandon de révolte, boute-feu de guerre civile, lui, consacré par l'onction sainte à la guérison de toutes les blessures de l'âme, quel révoltant contraste vivait dans la personne de cet homme! Aussi fut-il enfermé pour qu'il ne troublât point davantage l'État au nom de l'église; mais la captivité ne pouvait que peser double à une activité si malheureusement employée, et, aidé de ses amis, il s'évada au moyen d'une corde qui le descendit, à cheval sur une pièce de bois, jusqu'à une poterne par laquelle il sortit déguisé, s'embarqua dans un bateau sur la Loire, et de là gagna à cheval une ville de l'Anjou.

Et la poterne d'où s'échappa le cardinal, elle a disparu depuis longtemps; mais la tradition en a conservé le nom, nom illustre qui se trouve déjà dans plusieurs de nos souvenirs écrits : c'était la *poterne de Sévigné*, ainsi appelée parce que madame de Sévigné, venant de la Seilleraye, maison de campagne de son ami, M. Harouis, et descendant la Loire à travers la prée de Mauves, entra au château par cette poterne que franchit en fugitif son ami le cardinal de Retz.

Toutefois, après ces quelques réminiscences historiques que nous avons esquissées, le château de Nantes n'eut plus de beaux jours depuis les ducs qui rendaient la Bretagne si heureuse, et plus le temps passe, plus il déchoit, plus il tombe, jusqu'à ce que le reste imposant disparaisse sous la main de l'homme, à moins que la foudre n'achève l'œuvre terrible qu'elle commença en 1800. A cette époque, et depuis longtemps déjà, la grosse tour (était-ce la Tour-Neuve, la tour de Sainte Hermine?) servait de poudrière. Or, un jour, tous les habitants de la ville sentirent une secousse pareille à celle d'un tremblement de terre ; le sol frémit sous les pieds des passants; l'air, déplacé d'une façon formidable par une tonnante explosion, renversa évanouis ou étouffés les malheureux voisins, et les enfants qui jouaient avec le sable du cours Saint-Pierre s'enfuirent en voyant tomber au milieu d'eux une pierre énorme qui s'enfonça d'un pied au moins en terre. C'était un des fragments que la poudre, allumée par le feu du ciel, avait d'un souffle puissant lancés à quelques cents pas. Cette pierre, que j'ai vue enfant, sur laquelle j'ai appris à lire lettres et chiffres, car l'événement et sa date y étaient consignés, elle a été enlevée depuis longtemps déjà pour niveler le sol d'une allée. Peut-être aussi troublait-elle comme un avertissement donné par le passé à l'avenir, car le château est toujours poudrière, arsenal; et puisse une nouvelle explosion ne pas accomplir trop brutalement quelque jour l'œuvre future des démolisseurs!

Et ce n'était point seulement sur le cours Saint-Pierre que j'aimais à jouer, enfant : le cours Saint-André, autre promenade qui s'étend du côté opposé de la place, me vit souvent gambader et courir avec ceux de mon âge, ou suspendre mes jeux pour regarder Barbin, la riante campagne de

Barbin et les rives fleuries entre lesquelles coule paisiblement la rivière d'Erdre. Je n'étais point alors un maniaque étymologiste et ne me souciais nullement de savoir si le nom de ma ville natale ne vient pas de *nant*, qui signifie en langue celtique *cours d'eau*, *amas d'eau*. Cette histoire du nom serait rendue assez vraisemblable par le nombre de rivières qui affluent ici à la Loire ; l'Erdre, le Chezine et la Sèvre qui vient se joindre au fleuve, pour aller ensemble à l'Océan, après avoir si pittoresquement joué dans les rochers de Clisson. Etranger à toute préoccupation du savoir, je jouissais de l'aspect charmant des bords de l'Erdre et du souvenir d'une petite excursion que j'avais faite en famille aux ruines du château de la Verrière ou de *Barbe-Bleue*.

C'était le matin d'un des jours d'automne où le soleil brille à travers une gaze de limpides vapeurs, voile charmant qu'il conserve jusqu'à la dernière heure de son cours sur nos têtes.

Partis à six heures de la maison, nous nous embarquâmes à la chaussée de Barbin, dans un des petits canots qui seuls alors sillonnaient tranquillement cette onde tranquille. Il y avait harmonie entre la lenteur du courant et la lenteur du véhicule, au lieu que le bateau à vapeur d'aujourd'hui qui fend précipitamment, en la battant à coups redoublés, l'eau calme, presque endormie, est un contraste qui choque comme tout désaccord. Il est vrai qu'avec la vaporeuse locomotive nous serions arrivés cinq fois plus vite que par notre canot au château de Barbe-Bleue, mais aussi nous n'aurions pas eu le temps d'admirer les pittoresques rivages de l'Erdre, et entre autres, digne préparation à notre sombre visite, le *Rocher d'Enfer*, nommé ainsi l'on ne sait trop pourquoi, car il n'a rien d'effrayant et de terrible comme ses homonymes des Alpes ou des Pyrénées.

Au delà, la rivière, étroite d'abord, s'épanouit en une large baie pour se resserrer, et, plus loin, s'étendre en une baie plus vaste encore. C'est au fond de cette baie que nous devions descendre, et notre canot, après avoir traversé des eaux plus dormantes, presque un marécage sur lequel s'étalaient pompeusement des nénuphars blancs et jaunes, nous mit à terre quand il n'y avait plus moyen de ramer dans ce limon couvert d'une végétation pompeuse. Là s'élevaient les plus belles fougères et les roseaux, surmontés de leurs panaches semblables à ce que dans l'armée on nomme des *pompons* et que les enfants appellent *quenouilles*. Tout en me chargeant de ces énormes bouquets, autour desquels voletaient de magnifiques *demoiselles* aux ailes de nacre transparente, j'arrivai avec ma mère devant un fouillis de broussailles, d'épines, de ronces et de houx redoutablement armés.

« Regarde, » me dit ma mère en me montrant un interstice entre les enlacements de l'épais fourré. Je regardai bien vite. C'était une vieille ruine, les décombres du château de Gilles de Retz, puissant seigneur de la duché de Bretagne et qui termina sa carrière par des crimes horribles. Il les avoua sur le bûcher en recommandant aux parents de bien élever leurs enfants, car la mauvaise éducation avait causé sa perte. Prodigue à l'excès, le besoin de l'or l'avait conduit aux rêves de l'alchimie ; de la chimère de l'alchimie, il passa à celle de la magie, de la magie noire, de la magie sanglante et beaucoup de femmes, beaucoup d'enfants entrés dans son château n'en ressortirent plus. Voilà ce qui lui valut la triste célébrité que le peuple lui a départie pour toujours sous le nom de **Barbe-Bleue**. Gilles de Retz pouvait cependant avoir une belle renommée, car il avait été créé maréchal de France par Charles VII, pour l'avoir puissamment secondé dans l'œuvre de délivrance de son royaume. Pourquoi fallut-il qu'il ternît ses plus éclatantes actions ? Pourquoi Gilles de Retz, qui pouvait mourir sur un lit baigné de larmes, entouré de regrets et d'hommages, se conduisit-il de façon à aller périr sur un ignominieux bûcher, au milieu des exécrations de la foule ?

Je me rappelle encore que ma mère ajoutait à ces réflexions des avis sur le soin qu'il faut mettre à bien diriger ses pas dans la vie, combien on doit y veiller, y prendre garde. Ce à quoi je prenais garde en ce moment, c'était, ainsi qu'on me l'avait recommandé, de ne pas poser le pied sur les vipères et les aspics qui se cachent dans la végétation touffue des ruines. Ces hideux reptiles remplissaient surtout, me disait-on, les herbes qui couvraient à demi les marches d'un escalier taillé dans le roc. Aussi avec quel respect je le montais ! Enfin, je me vois encore arriver avec ma famille sur le dernier pas de cet escalier périlleux, et, tout épouvanté j'entre dans une petite salle tapissée de lierre, autour de laquelle s'élevaient sept arbres du tombeau, sept cyprès.

Sept ! le nombre des épouses de Barbe-Bleue.

« Asseyons-nous ici, » me dit ma mère en me montrant une pierre moussue, et alors elle me dit d'écouter, et petites et grandes personnes, nous écoutâmes tous le récit de Barbe-Bleue, qu'elle nous raconta, je me le rappelle, avec une telle vivacité de parole que ma jeune imagination faisait un chemin qui m'émerveille encore.

Les peintures du narrateur avaient mille fois plus d'énergie et de couleur dans cette salle, qui fut sans doute le cabinet où la curieuse femme entra et recula à l'aspect des sept cadavres. Il me semblait les voir, suivant l'expression affreusement pittoresque du conte, se *mirer* dans leur sang, et c'étaient véritablement leurs sept fantômes qui se dressaient à la place des sept cyprès funèbres. « Descends-tu ? descends-tu ? » Ces effrayantes paroles du bourreau impatient de sa proie, lorsque je les entendais dans ce lieu imposant, il me semblait qu'elles revenaient à mon oreille répétées par l'écho des murailles sinistres, et je cherchais d'un regard plein d'anxiété la tour où priait la pauvre femme, la tour du haut de laquelle sa sœur regardait dans la campagne si les libérateurs venaient.

C'était une scène saisissante que celle-là, et bien plus tard, je l'avais toute vivante devant les yeux de la pensée quand j'écrivis les vers qui suivent. Nous sommes convenus qu'il m'est permis de parler intrépidement de moi ; une fois n'est pas coutume.

Dans les gorges des monts, dans les vallons de Suisse,
Avez-vous entendu le son du cor, la nuit,

388

Quand en paix sur le lac avec la brise il glisse,
Quand frémissent les eaux sous la lune qui luit?

Mélodie inégale, éclatante ou voilée,
Elle s'élève et tombe, et s'éteint un instant ;
Puis, sort comme un soupir du fond d'une vallée,
Renait sur une plaine et grandit et s'étend.

Comme alors elle est vaste, abondante, sonore!
A cette voix qui s'ouvre on sent l'âme s'ouvrir ;
Mais elle diminue et s'affaiblit encore,
Et dans un défilé s'éteint et va mourir.

Que vienne une autre plaine et le son ressuscite !
Ainsi va l'Erdre sombre, au cours silencieux.
C'est un ruisseau qui dort, sort sous un gracieux site;
C'est un lac qui s'épanche et répète les cieux.

Oh ! que je voudrais bien quand le soleil s'abaisse,
Me livrant en canot à cette eau sans courant,
Dans les vieux châtaigniers à l'ombre noire, épaisse,
Ecouter l'*Angelus* par les airs expirant!

Que je voudrais revoir cette sinistre baie
Où parmi des rochers, sous un taillis pressé,
Se cachent des débris dont le passant s'effraie.
Là fut Gilles de Retz, sire de Chantocé.

A cette même place, aujourd'hui le repaire
D'immondes animaux rampant dans les marais,
Aspic au froid mortel, glaciale vipère,
Là vivait ou rampait l'affreux Gilles de Retz.

C'est là que pour tracer ses livres de magie,
Il puisait dans le sang des fils de ses vassaux ;
Et versait, pour reprendre une horrible énergie,
Du sang de nouveau-né dans ses tièdes vaisseaux.

C'est là qu'en souvenir des femmes massacrées
Sept cyprès sont autour du réduit souterrain ;
On parle avec terreur dans toutes ces contrées
Du lourd sabre géant de ce fier suzerain.

Tant de crimes commis sur des plages si pures !
Dans ces scènes de paix, de calme, être cruel !
Ce ciel devrait toucher les âmes les plus dures.
De la férocité devant un si beau ciel !

Ces vers, je les méditais, tandis que plus tard un canot me portait lentement vers Nort, petite ville d'où je devais me mettre pédestrement en route pour gagner l'abbaye de la Trappe de Melleraye. Pourquoi répéterais-je en prose ce que je viens de dire en lignes rimées sur les beautés pittoresques du cours varié de l'Erdre? Une description du bourg de Joué, dans la lande, serait peu curieuse, et j'aime mieux rentrer par le souvenir dans cette forêt de Vioreau, à l'extrémité de laquelle deux moines de l'ordre de Cîteaux cherchant, au douzième siècle, un nid bien retiré, bien recueilli, pour y établir un monastère, s'arrêtèrent au milieu d'une clairière, près d'un chêne magnifique, dans le creux duquel des abeilles sauvages avaient laissé un rayon de miel.

« C'est ici, dirent-ils, que nous aussi, abeilles sauvages, abeilles du désert, nous ferons notre miel. » Et dès 1144 fut fondé le prieuré de Saint-Etienne de Melleray, *de Mellario*, mot dans lequel, sans être le moins du monde latiniste, on peut reconnaître le mot *miel*. Les religieux commencèrent donc tout aussitôt leur œuvre d'abeilles, car ils se mirent à travailler pour eux et pour le monde sans avoir recours à lui, afin de pourvoir aux besoins du corps; quant à ceux de l'âme, ils ne regardèrent qu'en haut.

Plein de ces pensées, solennelles préparations à mon arrivée au couvent, je débouchai de cette pittoresque forêt de

Vioreau, et dans un fond j'aperçus des toits, un petit clocher perçant le feuillage, et en même temps j'entendis un chant grave et lent. « Ce n'est donc que pour louer Dieu qu'ils parlent et chantent, » me disais-je ; et je hâtai le pas pour tâcher de saisir quelques paroles qui me fissent reconnaître cette hymne. C'était le *Salve, regina* qu'ils modulent chaque soir après les travaux de la journée, avant le repos de la nuit.

Ainsi donc il était sept heures du soir ; le soleil, perçant de hauts arbres touffus, empourprait de ses derniers rayons les eaux frissonnantes du vaste étang dans lequel se mirent l'austère façade de l'abbaye et les imposantes statues de saint Bernard et de saint Robert, debout sur les piles de la porte d'entrée que surmonte une croix. Cette porte est pleine dans le bas, grillée à la partie supérieure, et j'y eus à peine fait entendre le signal de ma venue, que le portier se présenta. « Que voulez-vous? me demanda-t-il, car ses fonctions le dispensent du silence absolu du reste de la communauté ; que voulez-vous ? — L'hospitalité, » répondis-je, suivant les indications que l'on m'avait données à Nantes. Il m'ouvrit en murmurant ces mots *Deo gratias!* (grâces soient rendues à Dieu!) car les règlements de la Trappe disent expressément que tout étranger doit être regardé comme envoyé par la divine Providence. *Mihman ez Khoda*, « L'hôte vient de Dieu ; » cette parole de l'Orient est remarquable par son analogie avec les termes du règlement hospitalier de la Trappe, et nous rappelle vivement que la vie monastique est d'origine orientale et que l'Orient est la terre de l'hospitalité.

Donc, après m'avoir fait entrer dans une salle d'attente, le portier me pria d'avoir quelques instants de patience ; puis il sortit, me laissant contempler avec une profonde émotion quatre tableaux peints par des frères et représentant les quatre premiers abbés de l'ordre : saint Robert, saint Bernard, saint Albéric, saint Etienne. Ces quatre sévères figures tenaient toute mon attention occupée, quand je tressaillis à un frôlement que j'entendis derrière moi. Et que vis-je en me retournant? le père hôtelier à genoux, puis prosterné pour me recevoir. J'étais honteux, confondu, humilié par une humilité si profonde.

Je me sentis donc soulagé d'un grand poids quand l'hôtelier, le père Jules, homme fort aimable et d'une bienveillance extrême, se fut relevé pour me conduire tout aussitôt, en hospitalier véritable, dans un magnifique réfectoire où le souper était servi avec profusion. Or, tandis qu'avec sept ou huit étrangers je faisais honneur à l'excellent repas que le père Jules et un frère convers nous servaient avec une abnégation admirable, les frères assis dans le long réfectoire, chacun devant sa cuillère de bois, son gobelet de bois, sa salière de sel gris, son pot d'eau, mangeaient avec un morceau de pain dur et noir quelques légumes cuits à l'eau. C'est à ce contraste que le père Jules nous fit assister quand nous sortîmes de notre table relativement splendide. Ensuite il me mena au bout d'un long corridor, dans une chambre où je trouvai un lit un peu dur peut-être pour un mondain, mais d'un incomparable luxe de moelleux et de mollesse, si on le compare à la planche sur laquelle couchent les frères, et au traversin de paille, dur comme le bois, qui sert à soutenir leur tête.

Je dormais profondément quand, au milieu de la nuit, je fus éveillé par de lentes psalmodies, et dans mon demi-sommeil je croyais rêver aux chants lointains que j'entendais la veille en approchant du monastère; mais ce n'était point un rêve. Les religieux chantaient les matines à une heure, et trois heures après ils assistaient à la messe à laquelle le père Jules me conduisit. Là encore j'éprouvai une saisissante émotion : tous ces fantômes blancs, les frères du chœur, prosternés la face contre terre, avaient écouté dans un silence aussi complet que leur immobilité la moitié de la messe, quand tout à coup leurs voix entonnèrent un chœur mélodieux, c'était le chant de l'élévation, et ce chant, qui semblait sortir de terre, dura tant que l'officiant tint l'hostie élevée au-dessus de son calice de bois ! puis tout à coup, le silence retomba sur la congrégation, et les religieux se retirèrent un à un dans leur cloître pour leurs travaux de tout genre.

Les uns étaient tourneurs, d'autres tailleurs, d'autres cordonniers, d'autres entretenaient les immenses jardins ou avaient soin de la vacherie qui produit un beurre exquis dont ils ne goûtent jamais. Oh ! cette vie est bien celle de l'abnégation, du renoncement, une protestation incessante de l'homme contre l'égoïsme, hideuse tendance de l'homme que les trappistes combattent sans cesse par leurs actions. Ces blés magnifiques dont je les ais vus former et relever les gerbes sous la chaleur la plus dévorante de juillet, à deux heures de l'après-midi, vêtus de laine comme au fort de l'hiver, ces froments choisis, qui font un pain blanc par excellence, ils n'en goûteront jamais, eux qui ne veulent qu'un pain de seigle et de blé noir. Ces laitages exquis, dont la table des étrangers est chargée, ils les préparent, mais jamais ne les approchent de leurs lèvres, et ne demandent autre chose à la terre que les herbes les plus simples pour les jours de la vie et, pour celui de la mort, une fosse.

Cette fosse n'est point du reste, comme on l'a tant dit, l'objet d'un travail de chaque jour, mais l'usage réel me semble au moins aussi solennel. Il y en a toujours une d'ouverte, et à peine un frère mort sur la cendre, suivant la coutume, a-t-il été déposé dans cette sombre demeure, qu'une fosse nouvelle est creusée en grande cérémonie devant toute la communauté, et dès-lors elle attend !

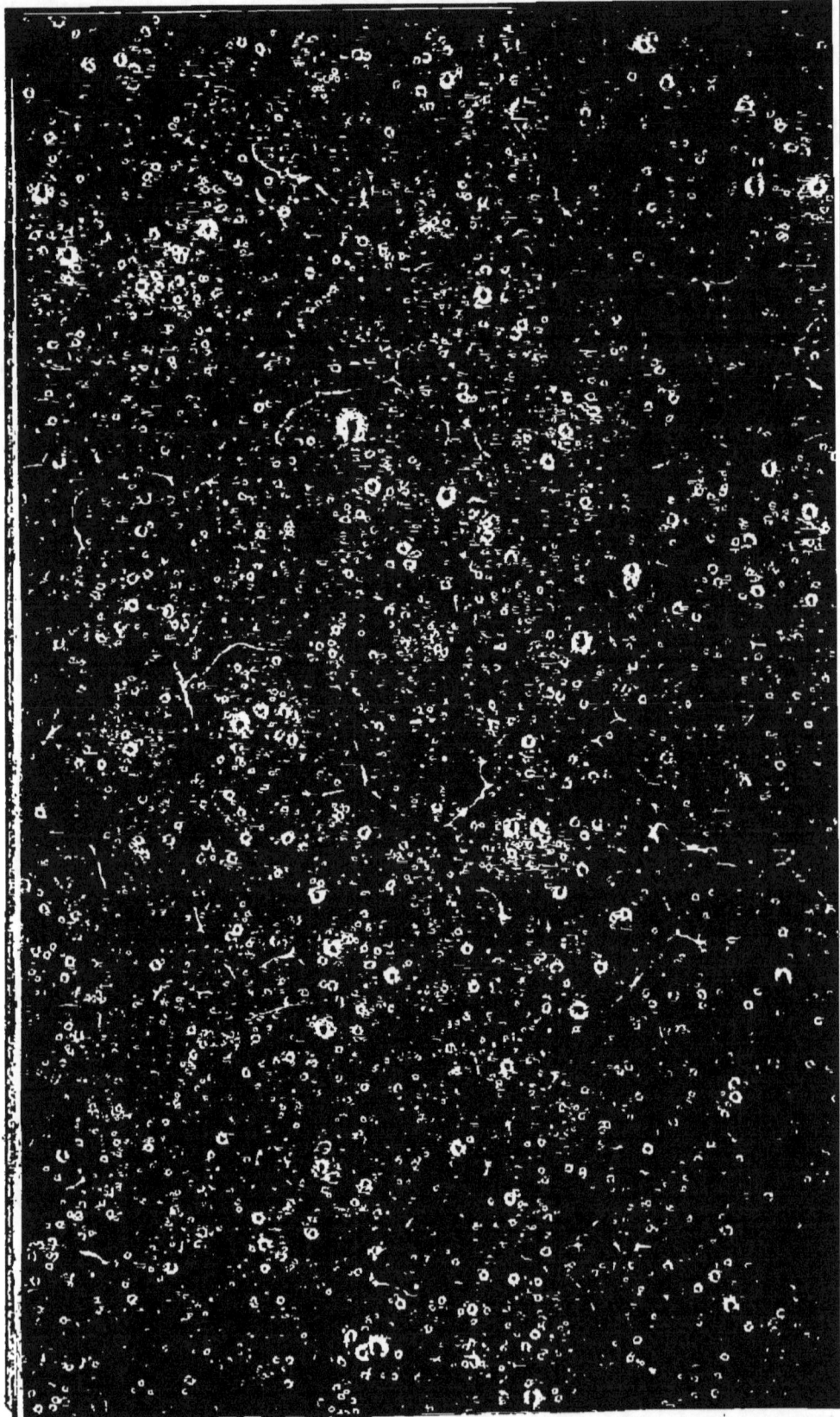

www.ingramcontent.com/pod-product-compliance
Lightning Source LLC
Chambersburg PA
CBHW071946220426
43662CB00009B/1011